KB200119

사랑하는 이들을

기도로 살리기 원하는

_____ 님께 드립니다.

살리는 기도

송
준
기

어떤 고난도 어려움도 이겨내는 간절한 기도

살리는 기도

규장

Memento Mori
죽음을 기억하라

나는 목사다.
숱한 사람을 만나봤다.
천인천색이었다.

하지만 죽음은 모두에게 동일했다.
고통의 순간에 생명을 호소하며
너무도 당연하게 하나님을 찾는 것도 비슷했다.
저마다 죽음의 역설이 있었다.
영혼 살리는 일을 하는 나로서는 감사할 일이었다.
죽음보다 더 중요한 것이 있어서였다.
누구든 육체의 고통을 느낄 때
영혼의 죽은 상태를 함께 느끼는 모습이
다행스럽기만 했다.
그렇게라도 생명력을 호소하는 것이
결국 그 영혼을 살릴 것이기 때문이었다.

하나님께서 내게 맡기신 영혼들이 있다.
그들의 이름을 적어놓고 매일 기도한다.
그러다 보면 성령님의 탄식이 들리는 것만 같다(롬 8:26).

생사의 기로에 선 영혼들이 너무 많다.
날마다 더 많아진다.
나는 매번 살려달라고 기도한다.
그러다 보면 나의 죽은 상태도 날마다 발견되고
울부짖고 만다.
기도로 깨어있을수록 기도해줄 사람이 많아진다.
살려야 할 이름이 늘어난다.

내 기도 수첩에 적힌 이름은 하나같이 간당간당하다.
죽음의 그림자 없는 인생이 하나도 없다.
마음이 아프다.
그래서 만나보면
저마다 자신의 상황을 가장 힘들어들 한다.
그리고 자주 후회한다.
'만나지 말걸, 위로하지 말걸, 설교하지 말걸….'

크든 작든, 짙든 옅든,
죽음의 그림자를 만나면 누구나 외로워한다.
그들은 상처받은 짐승들 같다.
고통 중에 있는 인생들을 위해서는
위로의 말보다 침묵이 나았고,
설교보다 살려달라고 기도하는 편이 좋았다.

죽음에는 상대성이 없다.
고통은 주관적이다.
모두에게 공평하다.
어떤 위치에 있든 얼마를 가졌든 상관없다.
고통 앞에서는 함께 무능하다.
그 앞에 서면 누구나 어린아이 같아진다.
점잖은 학자나 어린 사업가나 일반이다.
이타심은 사라진다.
고통의 이유를 물어대며 목에 핏대를 세우기도 한다.
하나님께 삿대질하거나
내게 저주의 말을 쏟아내기도 한다.

살려달라는 외침은 이기적이다.
그들의 고통 앞에서 설교자는 할 말이 없다.
죽음을 이기는 생명력은 사람의 것이 아니어서다.

창조주께 있는 능력이고,
그리스도의 이름으로 구할 때 주어져서다.
경험이 쌓이자 지혜가 왔다.
죽음을 통과 중인 인생들을 만날 때마다
내가 하는 일은 단순하다.
나는 나서지 않는다. 돕지 않는다.
그 대신 먼저 기도한다.
불 꺼진 기도실과 새벽의 골방에서
살려달라고 외친다.
영적 인공호흡을 기도로 시도하며
살려달라고 소리친다.

나는 얼마 전 '지키는 기도'에 대해 썼다.
그때 못다 한 이야기가 있다.
생명을 지켜주는 기도다.
죽음의 그림자가 드리운 인생들을 향한 기도,
'살리는 기도'가 있다.

살리고 싶고, 살려야 할 영혼들이 도처에 있다.

프롤로그

PART 1
살리는 기도
준비하기

01 모두가 죽음을 두려워할 때 • 16

02 맞아, 죽어야 살 수 있지 • 32

03 기도하는 사람은 역시 달라 • 50

04 죽음을 생명으로 뒤집으시다 • 74

PART 2
살리는 기도
시작하기

05 살리는 기도자가 되고 싶다면 • 106

06 살리는 기도를 위한 다섯 가지 질문 • 118

07 예수님의 기도 • 128

08 나도 할 수 있을까? • 138

PART 3
살리는 기도
지속하기

09 살리시는 하나님께 집중하라 • 150

10 위기를 낭비하지 말고 • 164

11 힘을 빼야 힘을 얻는다 • 196

12 매일 죽음 걱정하기 VS 예수님만 바라보기 • 240

에필로그

살리는
기도
준비하기

Part 1

01
CHAPTER

모두가 죽음을
두려워할 때

주께서 여기 계셨더라면 내 오라버니가 죽지 아니하였겠나이다
요 11:21,32

살려주세요 _____

그는 뇌사 상태였다. 그러니 와서 세례를 베풀어달라는 부탁이 전화기 너머로 들렸다. 나는 난처했다.

자신의 남동생이 교통사고를 당했다는 한 성도의 전화를 받은 것은 주일 아침이었다. 그 청년 자매는 횡설수설했다.

"저어…, 제 동생이 아직 예수님을 믿지 않아요…. 지난 새벽 친구들과 나갔다가 교통사고를 당했대요…. 안 되는 줄은 알지만, 목사님, 어떻게 안 될까요? 이제라도 세례를 받으면 어떻게 안 될까요? 의사가…, 의사가 그러는데 준혁(가명)이가 뇌사 상태래요. 생명유지장치를 끈다는데, 어떻게 구원받을 수 없을까요?"

나는 할 말이 없었다. 일단 만나야 할 것 같았다.

"진경(가명)아. 진정하고, 거기가 어디인지부터 알려줘…."

통화는 짧았다. 길가에 눈이 쌓여있었다. 주일예배 인도를 마치고 1시간쯤 운전을 했다. 아니, 기도를 했다.

"하나님 아버지, 준혁이 그 녀석 이제 막 대학 입학했습니다. 교회는 나중에 나가겠다고 했던 녀석입니다. 예수님은 대학 가서 믿겠다고 했던 아이입니다. 살려주십시오. 진경이가 그 녀석에게 세례를 베풀어달라는데 지금 상태로는 안 됩니다. 살려주십시오. 제가 어떻게 인지력이 없는 사람에게 세례를 베풀겠습니까? 신앙고백도 없는 사람에게 제가 어떻게 세례를 주겠습니까?

문제는 그뿐만이 아닙니다. 준혁이 부모도 아직 예수님을 믿지 않습니다. 제 입장을 보세요, 주님. 저는 그 분들에게 목사가 아닙니다. 제가 간들 무슨 소용이 있습니까? 혹시라도 눈엣가시로, 꿔다 놓은 보릿자루처럼 있다 오는 것은 아닙니까? 남의 가족 모여있는 낯선 병원에 가서, 제가 뭐라고 이런 일을 하겠습니까?

그러니까 일단 준혁이부터 살려주십시오. 살려주십시오. 살려주십시오. 당신은 창조주시니까, 자연법칙을 거슬러서라도 살려주십시오. 살려주십시오. 무조건 그를 살려주십시오…."

기도를 계속하는데 조금 전 했던 설교가 떠올랐다. 요한복음 11장이 본문이었다. 죽은 나사로를 살려달라는 마르다의 요청이 귓전에 울리는 듯했다. 지금 상황과 오버랩되었다. 본문 내용은 이랬다.

마리아와 마르다 그리고 나사로, 3남매가 있었다(요 11:1,2). 그들은 예수님이 사랑하시던 사람들이었다(요 11:5). 두 자매가 병든 나사로를 고쳐달라고 예수님께 요청했다. 그러나 예수님은 일부러 이틀을 더 기다리셨다(요 11:5-7). 그 사이 나사로는 죽었다(요 11:14).

나중에 죽은 나사로를 찾아가신 예수님은 두 자매의 원망을 들었다. "주께서 여기 계셨더라면 내 오라버니가 죽지 아니하였겠나이다"(요 11:21,32).

예수님은 그런 마르다에게 믿음을 요구하셨다. "나는 부활이요 생명이니 나를 믿는 자는 죽어도 살겠고 무릇 살아서 나를 믿는 자는 영원히 죽지 아니하리니 이것을 네가 믿느냐"(요 11:25,26).

마르다는 믿는다며, 다음과 같은 신앙고백을 했다.

이르되 주여 그러하외다 주는 그리스도시요 세상에 오시는 하나님의 아들이신 줄 내가 믿나이다 요 11:27

이후, 예수님은 죽은 나사로를 살리셨다. 그 과정에서 무덤을 막아놓은 "돌을 옮겨놓으라"고 하셨고, 마르다는 그가 죽은 지 "나흘"이나 지나 "벌써 냄새가" 나는 상태라고 알렸다(요 11:39). 그때 예수님은 신앙고백에 대한 요청을 이렇게 하셨다.

> 내 말이 네가 믿으면 하나님의 영광을 보리라 하지 아니하였느냐 요 11:40

앞서 했던 신앙고백이 이제 순종 액션으로 증명될 차례였다. 마르다는 아마도 가족과 지인들과 함께 그 돌문을 옮겼을 것이었다. "돌을 옮겨놓으니"(요 11:41) 나사로를 일으키신 예수님이 한 번 더 액션을 요구하셨다.

"풀어놓아 다니게 하라"(요 11:44).

운전석에 앉아 기도하는데, 이 본문이 마치 지금 준혁이네 상황 같았다. 성령님의 음성 같았다. 준혁이 가정의 영적 상태가 거기서 읽혔다.

준혁이는 나사로, 진경이는 마르다 같았다. 그녀는 반신반의하며 세례를 베풀어달라는 요구를 했다. 그러나 말씀에 비추어보니 그 이상을 내가 요구할 차례였다. 뇌사 상태의 불신자에게 세례를 주는 것도 말이 안 되었지만, 나는 그 이상을 물어봐야겠다는 확신으로 가슴이 뜨거웠다. 죽은 아이를 살려주실 하나님이심을 믿는지 물으면 준혁이뿐만 아니라 그 부모님의 영도 다시 살아날 것이 믿어졌다.

내가 응급실에 가서 어떻게 행동해야 하는지에 대한 지침이 말씀에 있었다. 나사로네 스토리의 핵심은 세 가지였다. 예수님은 가족의 요청대로 방문하셨고, 가족의 믿음대로 죽은 자를 살리셨다. 그 과정에서 가족은 신앙고백을 말과 행동으로 보여야 했다.

준혁이네에게 내가 할 일도 이 세 가지였다. 요청대로 세례식을 하러 가는 것, 그리고 그들의 믿음을 말과 행동으로 확인하는 것, 그리고 이 믿음에 걸맞게 나도 준혁이에게 일어나라고 예수님의 이름으로 선포하는 것.

난처함이 사라졌다. 다행이었다. 홀로 1시간 동안 이 문제를 놓고 기도할 시간을 주신 하나님을 찬양했다. 평안과 확신에 찬 노래였다. 병원이 보이기 시작했다. 건물 입구로 들어섰다. 주일 저녁 응급실 주차장에는 차 댈 곳이 없었다.

응급실 세례식

응급실은 돌무덤 같았다. 귀도 눈도 닫힌 청년이 거기 누워있었다. 가족들은 눈이 붓고 다리에 힘이 풀려있었다. 아이가 병원에 실려 왔던 아침에 나와서, 벌써 10시간째 오열 중인 아이의 엄마도 인사불성이었다.

우는 아내를 달래던 준혁 아빠가 내 손을 와락 움켜쥐었다. 울음에 지친 목소리라 처음에는 정확히 알아들을 수 없었다. 옆에서 진경이가 다시 한번 상황을 설명했다. 부모님은 예수님을 믿지 않으셨다. 그런데 자신들의 아들이 뇌사 진단을 받고 이제 곧 생명유지장치를 제거한다니 제발 살려 달랬다. 이제라도 믿을 테니 자기 아들을 천국에 보내(?)달랬다. 본인도 언젠가는 교회에 가려고 벼르고 있었다는 말도 덧붙였다.

진경이가 부모님을 붙잡고 등을 토닥였다. 내가 말했다.

"진경이가 제게 준혁이 세례를 요청했습니다. 와보니, 아버님도 같은 부탁을 하셨습니다. 하지만 안타깝게도, 준혁이는 전에 신앙고백을 한 적이 없을뿐더러 지금도 스스로 신앙고백을 할 수 없는 상태라 '제게는' 세례를 줄 방법이 전혀 없습니다."

여기까지 이야기하는데 준혁이 어머님이 또 흐느끼기 시작했다. 기어 들어가는 음성으로 계속 "살려주세요… 우리 아들, 살려주세요…. 다 이 엄마 죄입니다…. 저를 데려가시고 우리 아들, 살려주세요…"라고 반복하셨다. 그 이야기를 들으며 옆에서 아버님도 또 우셨다. 두 분 곁에서 진경이는 양손으로 한 분씩 꼭 붙잡고 쓰다듬고 얼렀다. 나도 말을 이었다.

"다시 말씀 드리지만 '제게는' 방법이 없습니다. 하지만 '하나님께는' 방법이 있으십니다. 문제는 지금 여기 모여계신 가족분들이십니다. 진경이와 부모님에게 믿음이 있는지가 문제입니다…."

이어서 말씀대로 했다. 스토리의 핵심 내용부터 전달했다. 요한복음 11장의 나사로를 살리신 예수님 이야기를 들려드렸다. 그 끝에 가족에게 질문했다. 차 안에서 기도하며 준비된 확언이었다. 준혁이도 나사로처럼 죽어있는 상태이지만, 하나님께서 그를 살리실 것을 믿는 믿음이 있으신지를 여쭈었다. 그들의 대답을 기다리며 내 가슴에 불이 이는 것만 같았다.

진경이와 그 부모님은 서로 꼭 붙잡고 저마다 신앙고백을 하셨다.

"네, 목사님. 저희가 믿습니다."

"네, 제가 잘못했습니다. 예수님이 우리 가정을 다시 살리실 것을 믿습니다."

"아멘, 내 동생과 부모님을 구원하실 주님을 믿습니다."

나는 재차 확인했다.

"예수님이 바로 이 시간에 뇌사 상태에 빠져있는 준혁이를 살리실 것도 믿습니까?"

"네, 저희가 믿습니다."

"예수님이 바로 이 시간에 제가 세례를 베풀고 신앙 질문을 할 때, 귀를 열고 뇌를 깨워 듣게 하시고 신앙고백을 할 수 있는 생명력을 불어넣어주실 것을 믿습니까?"

"네, 저희가 믿습니다."

"세례를 베푼 후에 준혁이에게 영원한 생명을 불어넣어주실 하나님을 믿습니까?"

"네, 저희가 믿습니다."

가족의 신앙을 확인한 후, 나는 그릇을 하나 빌려 거기에 깨끗한 물을 채웠다. 그리고 준혁이가 누워있는 응급실 침대로 가자고 했다. 중환자들이 누워있는 곳은 이중문으로 닫혀있었다. 입구에 달려있는 스피커폰으로 부모님이 담당의와 간호사 선생님에게 상황을 설명했다. 준혁이 죽기 전에 세례식을 하러 목사님을 초대했으니 잠시만 들여보내 달랬다. 담당자가 한 분 나와서 병실의 원칙들을 설명했다. 입장을 위한 규칙들이 적힌 문서에 함께 사인한 뒤, 병원에서 제공한 옷으로 갈아입었다. 마스크도 착용했다.

이중문이 차례로 열렸다. 나는 관계자들과 식구들 뒤를 따라 들어갔다. 돌문을 옮겨 여는 나사로네 사람들 같았다.

침대마다 서로 가까웠다. 다닥다닥 붙어 널려있는 침상마다 호흡기를 단 환자들이 누워있었다. 커튼으로 구별되어있는 침실마다 보호자들이 한 분씩 있었다. 그들도 준혁이 부모와 비슷했다. 저마다 눈이 붓거나 다리가 풀려있었다. 그들 사이를 지나가는데 이심전심이었다.

우리는 먼저 찬송을 하나 불렀다. 찬송가 "나 같은 죄인 살리신" 곡조에 맞춰 가사를 바꾸어 불렀다. 아직 교회 경험이 없는 부모를 위해서 그랬다. "할렐루야, 할렐루야, 할렐루야, 아멘" 그리고 "믿습니다, 믿습니다, 믿습니다, 예수"라고 두 번 이어 불렀다.

이윽고 우리는 함께 기도했다. 먼저 준혁이의 귀를 열고 뇌를 깨워달라고 기도했다. 이후 성경 말씀을 들려주며 복음을 전했다. 우리가 어떻게 죄인이고, 그 결과는 어떠하며, 예수님이 유일한 구원자이신 것까지 말씀 성구들을 들어가며 간략히 설명했다. 그리고 가장 중요한 순간이 왔다. 그가 신앙고백을 해야 하는 순간이었다. 가족은 모두 준혁이 손을 꼭 붙잡고 놓지 않았다. 나는 눈을 감고 기도하듯 질문을 시작했다.

"이제 준혁이는 준혁이의 모든 죄를 예수님께서 지고 죽으셨다가 3일 만에 다시 살아나셨다는 성경적 사실을 믿습니까?"

"이제 준혁이는 예수님이 자신의 유일한 구원자이심을 믿습니까?"

"이제 준혁이는 예수님과 함께 죽고 예수님과 함께 다시 살았음을 믿습니까?"

"이제 준혁이는 영원한 생명을 얻었다는 성경적 사실을 믿습니까?"

질문을 할 때마다 식구들이 대답했다. 준혁이의 대답 같았다.

모두 눈물을 많이 흘렸다. 조금 전 로비에서 본 그 표정과 목소리가 아니었다. 소망과 빛이 얼굴에 흘렀다. 우리 생각은 믿음으로 가득했다. 우리가 기도한 대로 이 아이는 살아날 것이었다. 이어서 믿음으로 선포했다.

"준혁이와 그 가족의 신앙고백에 따라, 아버지와 아들과 성령의 이름으로 세례를 베풉니다. 말씀대로, 준혁이는 영원히 죽지 않을 것이고, 죽어도 다시 살 것을 우리가 믿습니다."

우리는 다시 한번 준혁이를 붙들고 함께 기도했다. 그를 살려주시기를, 영혼을 건져주시기를…. 준혁이가 뇌사 상태에서도 기적적으로 회복되어 일어나기를 간구했다.

산기도

응급실 면회 시간은 짧았다. 세례식을 서둘러 마친 후 로

비에 다시 모였다. 준혁이 부모님과 진경이가 눈물을 훔치며 내게 이야기했다.

"목사님, 준혁이 손과 발이 자꾸 꿈틀댔어요."

"맞아요. 목사님이 질문할 때마다 준혁이 손과 발이 꿈틀 댔다고요!"

"우리 준혁이가 듣고 응답했던 것이 틀림없어요…. 하나님 께서 깨워주셨던 것이 틀림없어요."

그때부터 부모님도 예수님을 믿기 시작하셨다. 우리는 요 한복음 11장을 한 번 더 복습했다. 신앙고백도 이어졌다. 이 제 그곳에서 내가 할 일은 더 없었다. 그럼에도 발길이 떨어 지지 않았다. 어떻게 기도해야 하는지, 마음은 어디로 향해 야 하는지를 재차 확인하며 당부했다. 준혁이네는 연신 감사 하다며 주차장까지 따라 나오셨다. 나는 주님께 감사하자 며 나도 계속 기도할 것을 약속하고 헤어졌다.

집에 가는 길은 멀었다. 병원에서 멀어질수록 마음이 점점 복잡해졌다. 믿음을 독려하며 다시 살리실 하나님을 선포했 던 확신의 자리에 염려가 몰려왔다. 응급실에 호흡기를 달고 누워있던 준혁이의 모습이 자꾸 떠올랐다. 다시 차를 돌려 병원에 가고만 싶었다. 준혁이 몸을 붙들고 뭐라도 더 해야 할 것만 같았다. 그대로 복귀하기 힘들었다. 나는 내 역할을 감당해야 했다. 더 기도해야 했다. 그 길로 기도하러 갔다. 산에 올랐다. 부르짖었다.

"살려주소서. 준혁이를 살려주소서. 준혁이 가족을 살려주소서!"

부르짖는데 남의 목숨 같지가 않았다. 꼭 내 생명 같았다. 내 죽음 같고, 내 가족 같았다. 배를 움켜잡고 엎드려 땅을 긁으며 외쳤다. 울부짖었다.

또 한 시간쯤 지났다. 기도할수록 염려가 다시 확신으로 바뀌었다. 내 안에 새 생명이 움트는 것만 같았다.

'내게는 그들을 살릴 힘이 전혀 없다'는 진실도 보였다. 그 앞에 불안이 물러갔다. 해가 뜨면 사라지는 아침 안개처럼 진실 앞에 거짓은 자취가 없었다. 염려는 거짓 때문이었다. '내가 누군가를 살리려는 마음'이 거짓이었다. 진실은 믿음을 주지만, 거짓은 불신의 이유였다. 생명을 주시는 분은 하나님이시니 진실을 따라 나는 평안했다. 하나님의 역할이니 능력 없는 나는 다행이었다.

생각이 고요해졌다. 기도 제목도 더 분명해졌다. 살리는 기도 어디에도 '나'라는 존재는 없었다. '주님'만 계셨다. 나사로를 다시 살리신 사건의 핵심과 같았다.

예수께서 들으시고 이르시되 이 병은 죽을 병이 아니라 하나님 하나님의 영광이 죽고 사는 문제보다 뛰어나다. 죽음도 부활도 하나님의 영광을 위함이다. 실패나 성공 어느 편에서든 그리스도의 영광이 더 중요하다.

또 한 시간이 지났다. 준혁이를 살려달라는 기도는 이제 전 성도에게로 확대되었다. 산에 엎드린 채 '살리는 기도'를 시작했다. 성도 명단을 따라 한 명씩 이름을 불러 기도했다. 그들 각각 기도 제목이 따로 있었지만 이번에는 모두에게 한 가지로 기도하기 시작했다.

"주여! 살려주소서!"

죽음의 역설

나사로의 죽음은 마리아와 마르다에게 최대의 문제였다. 준혁이의 뇌사 상태도 그랬다. 그 가족의 일상을 깨뜨리는 위협이자 변화상이었다. 역설적이게도 그 위기가 곧 기회가 되었다. 가족의 죽음이라는 거친 변화가, 예수님을 향한 생명의 요청을 가져왔다. 죽음이 생명을 향한 부르짖음의 원인이 되었다.

우리는 죽음이 지배하는 세상을 산다. 죽음의 그림자는

도처에 있다. 최근에도 그렇다. 코로나바이러스가 세계를 뒤덮었다. 여기저기서 확진자들이 늘고 사망자가 속출했다. 사회 시스템 전체가 거친 변화를 요구받았다. 나라마다 의료, 정치, 교육, 문화, 경제 등 모든 면에서 도전 받았다.

교회도 다르지 않았다. 특히 대그룹 모임을 하는 방식에 커다란 변화가 필요했다. 온라인 예배로 전환하는 교회가 대부분이었다. 그러면서 예배론과 교회론에 대한 도전이 날로 커졌다. 사람들은 묻기 시작했다. "진정한 예배란 무엇인가? 성경적 교회가 되려면 어떻게 해야 하는가? 우리 모임의 본질은 무엇인가…?" 그 과정에서 교회는 생명력을 향한 몸부림을 경험 중이다. 변화는 고통을 낳았지만, 이는 다시 소망을 불렀다. 아무도 고통 때문에 죽음을 바라지 않았다. 오히려 생명을 바랐다.

코로나 사태를 조망하는 역사학자 유발 하라리의 조언이 떠오른다.

"이 폭풍은 지나갈 겁니다. 그러나 우리가 지금 하는 선택들이 앞으로의 삶을 바꿀 것입니다."

뻔한 말이지만, 가장 시의적절한 판단이기도 했다.

코로나뿐만이 아니다. 매 순간 닥치는 변화의 바람은 죽음의 그림자를 동반한다. 그 앞에 매번 어떻게 대처하는지가 생명을 결정할 것이다. 예측 불가의 변화에 휩쓸려 허둥대면 미래는 죽음으로 마무리될 것이다. 반면 나사로네처럼, 준혁이네처럼 살리는 기도로 대처하면 위기가 생명을 얻는 기회로 바뀔 것이다.

익숙한 일을 하던 대로 진행하는 것은 쉽다. 그러나 새로운 일을 이전과 다른 방식으로 진행하는 것은 어렵다. 고생스럽다. 위기의 특징이다.

21세기다. 변화는 잦고 죽음은 짓궂다. 미래는 갈수록 예측이 안 되고, 위기마다 죽음이 연상된다. 이때 우리는 무엇을 해야 하는가? 더 이상 살던 대로 살 수 없게 되었을 때, 미지의 영역으로 걸어 들어가야 할 때, 우리는 어떻게 대처하고 있는가?

여기 위기를 기회로 바꾸는 도구가 있다. 죽음을 생명으로, 공포를 안정감으로 역전시키는 방법이 있다. 모두가 두려워할 때 남달리 해야 할 크리스천의 업무가 있다.

그것은 '살리는 기도'다.

맞아, 죽어야
살 수 있지

내가 진실로 진실로 너희에게 이르노니 한 알의 밀이 땅에 떨어져
죽지 아니하면 한 알 그대로 있고 죽으면 많은 열매를 맺느니라
요 12:24

다급한 외침 ———

"살려주세요!"

이 말을 천천히 할 수 있을까? 동혁(가명)이는 공포 가운데 소리쳤다. 목소리는 크고 다급했다. 이 대화 내용을 이야기하기 전에 동혁이네 소개부터 해야겠다. 그러니까 어떻게 된 거냐면….

안양 거리 뒷골목에 목사님이 한 분 계셨다. 그는 매일 전도했다. 한 번에 한 명씩 붙들고 대화했다. 여기서 새로 예수님을 영접한 사람 20명이 모였다. 개척교회가 섰다. 그 교회에서 전도사 사역을 시작했던 나는 신학대학원 1학년생이었다.

새로 태어난 교회는 전도의 열기로 뜨거웠다. 담임목사님의 소명과 열정이 모두에게 퍼졌다. 그리스도의 새 생명을 처음 경험했던 사람들은 하나같이 전도 요원들이 되었고, 교회는 매일 성장했다.

동혁이는 그 교회의 주일학교 첫 번째 학생이었다. 그때 중1이었다. 그 녀석과 나는 담임목사님을 따라 주말마다 거리로 다니며 함께 전도했다.

동혁이네는 어려웠다. 아버지는 원래 부동산업자였다가 사업에 크게 실패한 후 도박에 빠졌다. 게다가 여러 문제에 얽히는 바람에 교도소에 다녀왔다. 그 사이 어머니는 포장마차를 운영하며 생계를 꾸렸다. 아버지의 복귀를 오래 기다렸던 동혁이는 실망이 컸다. 아버지는 여전히 만나기 어려웠고, 어쩌다 집에 올 때는 만취한 상태였다. 그렇게 3년을 지내던 어느 날 동혁이는 거리를 헤매다 목사님을 만나 교회에 나갔다. 하나님이 동혁이를 만나주셨다. 새 생명을 얻은 동혁이는 전도사였던 내게 아버지와 어머니가 예수님 믿게 해달라는 기도 부탁을 셀 수 없이 해댔다.

개척교회 성도는 80명으로 늘어, 좀 더 넓은 공간으로 이사했다. 구역도 2개로 늘었다. 초등부와 청소년부도 신설되었다. 담임목사님은 바빠지셨다. 한번은 미국 서부 지역의 한인교회 연합에서 순회 전도 강의 요청이 왔다. 고민 끝에 목사님이 교회를 신입 전도사에게 맡기셨다. 5주간의 여정이었고 그 전도사였던 나는 스물여섯 살이었다. 목사님 부재한 달 반 동안 할 일이 넘쳤다. 매일 새벽기도를 인도하고 수요 기도회와 금요철야 기도회, 그리고 주말 전도모임과 주일예배 인도가 주 업무였다. 기숙사 생활을 하며 공부하던 신학생에게는 벅찬 일과였다. 걱정이 되었지만 거절할 수 있는 위치도 아니었다.

월요일 새벽기도 인도를 마치고, 목사님을 인천공항에 모셔다 드렸다. 그날 밤이었다. 당장 내일부터 매일 왕복 80킬로미터를 운전해야 했는데 기름값이 없었다. 왜 이것을 진작 생각 못 했을까 염려가 일어 기도를 시작했는데 전화벨이 울렸다. 동혁이었다. 목소리는 크고 다급했다.

"전도사님, 살려주세요!"

아빠가 죽는대요

외쳐놓고 동혁이는 울기만 했다. 살려달라는 말에서 죽음의 그림자가 보였다. 몇 가지 짐작이 오갔다. 안양 거리에서 동혁이가 사고를 쳤거나, 포장마차 일을 하시던 어머니가 잘못되셨거나, 아니면 빚쟁이들이 집에 들이닥쳐 누군가 두들겨 맞았거나…. 잠깐 사이에 온갖 생각이 스쳤다. 울음이 멈추기를 마냥 기다릴 수 없었다.

"동혁아, 왜? 집에 무슨 일이 생겼어?"

"그게 아니고요… 아빠가… 아빠가 죽는대요….'"

통화 내용은 이랬다. 매일 술로 지내던 아버지가 어느 날부터 복통이 잦았다. 교도소에 다녀오기 전에도 위 절제 수술을 받은 적이 있던 터였다. 두려움에 병원에 몇 번 다녀왔는데, 아니나 다를까 위암 말기 판정을 받았다. 의사는 3개월을 선고하며 가족들에게 마음의 준비를 하랬다.

이 소식을 듣고 엄마는 아빠와 크게 부부 싸움을 했다. 동혁이는 그 옆에서 아빠와 오래 떨어져있었던 설움이 터져 울었다. 그리고 뛰쳐나와 종일 방황했다. 노래방과 PC방을 돌아다녔다. 밤거리를 헤맸다. 밤이 되자 아빠처럼 술을 마셔보려고 편의점을 몇 군데 들어갔는데 실패했다. 그러다 오갈 데가 없어서 내게 전화했다. 하나님께 호소하는 심정으로 전화를 붙잡고 외쳤다. 살려달랬다. 동혁이를 데리러 안양 거리로 나갈 누군가가 필요했다.

통화를 하며 나는 망설였다. 이미 학교 기숙사로 복귀한 상황이었다. 내용을 들어보니 다시 안양으로 돌아가야 할 것 같았는데, 늦은 시간이었고, 나는 피곤했다. 갈등하며 시계를 연거푸 봤다. 미국 출타 중인 담임목사님이 떠올랐다. 인천공항에서 인자하게 웃으며 내게 축복 기도를 해주시던 장면이 회상되었다.

생각해보니 동혁이는 내 책임이었다. 그는 목사님이 전도해 내게 맡기신 영혼이었다. 만약 미국 일정만 아니었다면 그는 목사님에게 전화했을 것이었다. 나는 목사님의 입장에서 생각해봤다. 그러자 답이 나왔다. 목사님은 당장 거리로 달려가셨을 것이었다. 나의 피곤함은 핑계가 될 수 없었다.

"동혁아, 이 눈물을 하나님께 드리자. 우리 함께 살려달라고 기도하자. 전도사님이 지금 출발할 테니까 한 시간 뒤에 안양1번가에서 만나자."

양지에서 안양까지

차가 더뎠다. 기숙사가 있던 양지에서 안양까지는 멀었다. 가는 내내 기도했다. 동혁이 아빠를 위해서는 기도가 잘 안 되었다. 동혁이를 위해서 기도하는데 눈물이 났다. 그 녀석 대신 내가 외쳤다.

살려달라고 소리쳤다. 아빠를 살려달라는 것인지 동혁이를 살려달라는 것인지 나도 구분이 안 갔다. 그러나 기도가 깊었다.

운전대를 잡고 부르짖는데 동혁이 가정에 드리운 죽음의 그림자가 보이는 것만 같았다. 무겁고 짙은 어두움이 끝도 없는 늪이 되어 동혁이를 끌어내리는 것이 보이는 듯했다. 기도 소리는 더 커졌다.

예수님의 이름을 부르짖었다. 말씀에 나오는 주님의 약속 대로 이뤄달라고 기도했다. 아니 소리 질렀다.

누구든지 주의 이름을 부르는 자는 구원을 받으리라 하였느니라 행 2:21

계속 소리 지르는데 내 배가 아팠다. 가슴이 저렸다. 감정이 요동치고 영혼이 울렁이며 말로 형용할 수 없는 고통이 몰려왔다.

시체는 고통을 느끼지 않는다. 아프다는 것은 생명의 증거다. 동혁이를 위해 부르짖다 느낀 고통에서 내 영혼의 생명력이 보였다. 살려달라는 기도를 하며 나도 함께 살아나고 있었다.

내 업무인지 아닌지 고민했던 시간이 부끄러웠다. "살려달라"는 말은 작게 할 수 없었다. 기도할수록 목소리도 높아졌다. 그럴수록 마음도 더 간절해졌다. '나는 왜 이전에는 동혁이를 위해 기도하지 않았을까?'라는 생각이 들었다. 전혀 기도하지 않았던 것은 아니었다. 정해진 시간이 되면 그를 위해서도 물론 기도했다. 문제는 "살려달라"고 간절히 외치지는 않았던 것이었다.

동혁이뿐만이 아니었다. 내가 맡은 영혼들을 위해 그처럼 간절히 기도해본 일이 몇 번이나 되었던가 싶었다. 살리는 기도를 하지 않았던 것이 후회되었다. 하나님께 죄송스러웠다. 회개했다.

　앞으로는 성도들을 위해 기도할 때, 살려달라는 심정으로 기도하겠다고 기도했다. 그렇게 기도하는 동안 내 마음 한 편에서 생명력이 요동쳤다.

　"하나님, 저를 용서해주세요. 제가 기도하지 않았어요. 살려주세요. 기도에 죽어있는 목자의 심정을 깨워주세요. 저를 살려주세요. 동혁이 아빠도 살려주세요. 동혁이도 살려주세요. 더욱 예수 생명으로 넘치게 해주세요. 동혁이를 위해 죽으신 예수님께서 그 피 묻은 손으로 동혁이의 눈물을 닦아주세요. 동혁이 엄마도 동혁이 아빠도 함께 예수님 믿고 살게 해주세요. 이제 동혁이 만나러 가요. 도와주세요. 살려주세요. 예수님의 이름으로 기도합니다. 아멘."

　기도하는 동안 교회 주차장에 먼저 도착했다. 차를 대고 거리로 뛰었다. 약속 장소로 달렸다. 동혁이는 편의점 앞에 앉아있었다. 그 녀석의 이름을 부르며 뛰어갔다. 동혁이는 나를 보고는 엉엉 울었다. 거리의 취객들이 우리를 힐끔거렸다.

7일 금식

동혁이를 집에 데려다주었는데 부모님이 신발도 신지 않은 채 달려 나왔다. 걱정되었던 엄마가 동혁이를 쥐어박으며 혼냈고, 아빠는 말렸다. 나는 동혁이 집에 잠시 들어갔다. 동혁이 이야기를 하니 만남이 순조로웠다. 대화는 금세 전도로 이어졌다. 하나님이 함께하셨다. 그 자리에서 동혁이 아빠는 나를 따라 영접 기도를 하셨다. 또 교회에도 가고 싶으시댔다.

이미 시간은 자정이 지나고 있었다. 나는 동혁이 아빠를 그대로 두면 안 될 것 같았다. 당장 모시고 교회로 갔다. 복음을 전하고 또 전했다. 특히 위암은 죄 때문에 온 것이며, 예수님이 우리의 질병도, 죄도 이미 해결하셨다고 말씀드렸다 (사 53:5,6). 이것은 일생일대의 기회이며 당신뿐만 아니라, 온 가족을 위해 놓쳐서는 안 된다고도 전했다. 곧 새벽예배 시간이 되었다. 나는 동혁이 아빠를 장의자에 앉히고 강대상으로 올라갔다.

새벽 말씀을 준비할 시간이 따로 없었다. 강대상에 올라서도 그에게 집중했다. 하던 전도를 지속했고, 모두에게 기도 부탁을 했다. 아침이 밝아왔다.

이른 시간, 그길로 동혁이 아빠를 모시고 산에 올랐다. 내게 익숙한 기도원이 거기 있었다. 매일 예배가 이뤄지는 장소로 가서 함께 쪽잠을 잤다. 일어나서 금식하며 기도했다. 살려달라는 기도였다.

　기도원에서 진행하는 집회 시간이 되자 그곳 원장님이 등장했다. 설교를 마치자 한 사람씩 안수기도를 하셨다. 동혁이 아빠 차례가 되자 원장님은 대뜸 7일 동안 금식하면 좋겠다고 하셨다. 나는 이제 막 예수님 믿기 시작한 분이 어떻게 그렇게 금식기도를 할 수 있을까 싶었다. 하지만 동혁이 아빠는 어차피 지금은 밥을 먹을 수도 없고, 딱히 할 일도 없다며 하겠다고 답했다. 나도 덩달아 그날 하루 금식을 했다. 해가 저물고 있었다.

　나는 동혁이 아빠를 기도원에 모셔둔 채 교회로 돌아갔다. 다음 날 새벽기도 인도를 위해서였다. 교회 사무실 바닥에 방석을 이어붙이고 잠을 청했다. 꿀잠이었다. 다음 새벽예배 설교 후 동혁이 아빠를 기도원에 모셔다드린 이야기를 했다. 그리고 학교로 돌아갔다. 이후 동혁이 아빠는 7일 금식과 7일 보식(금식 후 회복을 위해 미음을 끓여 먹으며 더 기도하는 기간)을 진행하셨다.

　기숙사에서 교회를 매일 오가는 동안, 14일이 짧게 지나갔다. 그리고 수요예배가 있는 날이 왔다. 수업이 끝나기 무섭게 안양으로 달려 예배 시간에 겨우 도착했다. 부랴부랴 강대상에 올라서는데 조그마한 예배당이 교인들로 가득한 것이 보였다. 분위기가 뭔가 달랐다. 강대상에 서서 한 분씩 얼굴을 살피는데 모르는 분들이 꽤 앉아계셨다. 그 사이에 동혁이 아빠도 보였다. 동혁이와 동혁이 엄마도 함께 나왔다. 나는 반가웠다. 그 모습을 보고 나서야 날짜 지난 것을 알 수 있었다.

그런데 성도들이 좀 이상했다. 평소 나를 바라보던 눈빛들이 아니었다. 뭔가 더 큰 애정과 관심으로 반짝였다. 그날 설교 본문은 이사야서 53장이었다. 우리의 죄 문제를 해결하신 분이, 우리의 질병도 해결하셨다는 내용이었다. 그날따라 아멘 소리가 우렁찼다.

설교를 마치고 동혁이 아빠에게 여쭈었다. 혹시 지난 보름간 금식기도 한 내용을 사람들 앞에서 이야기해줄 수 있는지를. 그 분은 흔쾌히 이야기하고 싶다셨다. 나는 교인들과 함께 자초지종을 들었다. 듣고 보니 간증이었다. 동혁이 아빠는 이렇게 이야기하셨다.

동혁이 아빠의 간증

"전도사님을 내려보내고 금식기도를 시작했는데 눈물만 났어요. 인생을 뒤돌아보며 한숨만 나왔어요. 그래서 주변에서 사람들이 하는 대로 따라했습니다. 찬양도 기도도 흉내 냈습니다.

기도원 원장님의 설교는 대부분 예수 믿고 복 받고 병이 낫는 것이었어요. 이때 신앙고백을 했습니다. 예수님을 믿는다고 시인했습니다. 주변 사람들의 권유로 집회가 없는 시간에는 계속 요한복음을 읽고 또 읽었어요. 그러다 한 구절이 눈에 들어왔습니다. '나는 포도나무요 너희는 가지라 그가 내 안에, 내가 그 안에 거하면 사람이 열매를 많이 맺나니 나를 떠나서는 너희가 아무것도 할 수 없음이라'(요 15:5).

그동안 인생에 드리웠던 죽음의 그림자가 다 이해가 갔어요. 생명의 근원을 떠나있으니 죽음 곁에 있을 수밖에 없었던 것이 깨달아졌습니다. 사실 기회는 병을 얻기 전에도 많았어요. 어린 시절 주일학교에 갔던 적도 있었고, 군대 종교행사 때도, 그리고 결혼 후 아들의 전도를 통해서도 예수님께 돌아갈 수 있었죠. 하지만 계속 내 어두움을 여러 핑계로 고집했던 것이 후회되었습니다. 어금니를 악물고 회개했어요. 오열했어요. 7일 동안 생수만 마시며 계속 울었습니다.

그러다 믿음이 생겼어요. 이제 병에서 자유케 되었다는 확신이 들었어요. 금식을 마치고 보식 기간에 먹었던 미음이 달았어요. 그리고 제 인생을 하나님께 드리기로 했습니다. 살려만 주신다면, 평생 낮에는 전도하고 밤에는 일하며 살겠다고 다짐했습니다. 설사 병이 낫지 않더라도 좋으니, 생명을 몇 년만 더 연장해 주시면 천국 갈 때까지 전도하겠다고 기도했습니다. 그렇게 보

름을 보내고 나니 정말 건강이 회복되었어요. 이번 한 주간 계속
미음을 먹으며 가족과 시간을 보낸 후에, 병원에 가서 진찰도 다
시 받으려 합니다."

동혁이 아빠가 금식 스토리를 전하는데 교인들은 연신 놀
라워했다. 그를 알고 있던 사람들도 몇 있었는데, 사람이 달
라졌기 때문이다. 일단 외모가 건강해 보였다. 표정이 밝았
고, 몸짓에도 힘이 있었다. 곧 죽을 사람 같지 않았다.

그는 기도원에서 내려오자마자 안양 거리로 나가 골목골
목 전도하러 다녔다고 했다. 한 사람씩 붙들고 자기 이야기
를 했다. 위암 말기 환자였는데, 예수님을 만나 치료 받았다
는 내용이었다. 하루 사이에 거리에서 전도된 5명이 교회로
왔다. 소문은 교회에도 금세 번졌다. 모두들 수요예배에 나
와 동혁이 아빠의 모습을 보며 함께 하나님께 영광을 돌렸다.
이상했던 수요예배 분위기의 이유가 이해되는 순간이었다.

죽음이 부른 생명력

간증 후 3주가 더 지났다. 동혁이 아빠는 아침부터 저녁
까지 전도를 멈추지 않았다. 그가 길거리에서 전도해 새로
교회에 나온 사람만 30명이 넘었다. 전도를 마치면 집에 가
서 또 가정예배를 인도했다. 아내 혼자였던 포장마차 일에도

함께하기 시작했다. 전혀 새로운 사람이 되었다. 동혁이네는 예수님을 가장으로 모신 가정으로 바뀌었다.

가정에서뿐만 아니라 교회에서도 영향력이 생겼다. 주일학교 분위기도 바뀌었다. 청소년부 아이들도 동혁이네 이야기를 했다. 자기 아빠를 위해 기도하겠다는 친구들이 늘었다. 담임목사님이 안 계신 사이에도 교회는 하나님이 목회하고 계셨다. 더욱 부흥하고 있었다.

말기 암 환자가 전하는 죽음과 새 생명 이야기는 동네에 계속 퍼졌다. 이제는 직접 전도하지 않아도 관계를 타고 더 많은 사람이 모였다. 꼬리에 꼬리를 물고 새신자가 늘었다. 새벽기도회에도 수요예배에도 더 많은 사람이 모였고 기도와 말씀의 은혜는 더욱 뜨거웠다.

위기는 기회의 다른 이름이었다. 죽음의 그림자 덕에 얻은 생명이 있었다. 나중 이야기이긴 한데, 그는 이후로도 6년을 더 탈 없이 지냈다. 동혁이 아빠는 하루도 빠짐없이 아침부터 저녁까지 종일 복음을 전했다. 수많은 사람이 그를 통해 예수께 돌아왔다. 3개월 시한부 인생이 유예기간을 얻은 셈이었다.

살리는 기도를 할 때 얻은 세 가지 깨달음

이심전심이었다. 남의 죽음을 기도로 가슴에 떠안아보니

내 생명도 작아 보였다. 기도를 통해 남의 고통에 동참해보니 내 삶이 달라 보였다. 죽을 일로 가득한 나의 영적 상태와 그 게으름이 깨달아졌다. 연약함. 자신을 불살라 사역하지 않는 어정쩡한 소명의 상태, 내 시간이나 에너지를 희생하지 않으면서도 예수님을 잘 따르고 있다는 무지의 상태, 그리고 예수님 몰라서 죽어가는 지인들을 위해 살리는 기도를 하지 않던 미적지근한 상태가 엿보였다.

그전까지만 해도 나는 펄펄 살아있는 줄로만 알았다. 하지만 살리는 기도를 하자 나의 죽은 상태가 드러났다. 분명 기도를 시작할 때는 남 살려달라는 기도였다. 그런데 어느 순간부터 살려달라 외칠 때마다 내 기도가 되었다.

당시도 나는 성도들의 이름을 노트에 적어놓고 매일 기도하고 있었다. 나를 위해서뿐 아니라 남을 위해서도 기도했다. 그러나 살려달라는 간절함은 그다지 없었다. 그러면서도 나는 영적 생명력이 충만한 기도꾼인 줄 착각했다. 살려달라는 기도가 세 가지 측면에서 내 착각을 부쉈다.

나에게는 생명력이 없었다!

그리스도의 생명력은 풍성하다(요 10:10). 이는 멈추거나 잠들어있을 수 없는 강력이다. 질병도 고치고 귀신도 내쫓고 죽음도 생명으로 뒤집어버리는 힘이다(마 10:1-8).

그리스도인들은 모두 능력자다. 그리스도께서 그 안에 사신다(갈 2:20). 그런데, 이걸 평소에 잊고 산다. 그러다 살려달라는 기도를 하고 나서야 깨닫는다. 동혁이네를 위한 기도 후 알았다. 그저 잘 지내는 줄로만 알고 있다가 정신이 번쩍 났다. 남 살려달라고 외치고 나서야 내 처지가 보였다. 생명력이 없었다. 나는 동혁이네의 고통의 문제에 전혀 도움이 안 되는 저질 능력의 소유자였다.

거기서 뜨거운 소망이 나왔다. 능력의 열망, 그리스도를 향한 부르짖음. 사람 살리는 기도를 지속하고자 하는 소원.

풍성한 생명력이 있어야 희생이 가능하구나!

메마른 우물로는 몇 사람 못 먹인다. 넘치는 강물이라야 농사도 짓고 마을도 먹일 수 있다. 생명력도 그렇다. 어중간한 능력으로 퍼주다가는 둘 다 죽는다. 살리려면 넘쳐흘러야 한다.

그리스도의 생명력은 끝이 없다(골 1:17-19). 죽음도 이긴다(행 2:24). 그 안에 넘치는 생명력이 있다. 풍성하다. 그런 생명이라야 희생해도 산다. 살린다.

풍성한 생명력이 주어진 다음 단계는 자기희생이다. 남 살리는 생명력의 싹은 자기희생을 뚫고 터져 나온다(요 12:24). 죽어가는 생명으로는 희생할 수도, 남을 살릴 수도 없다. 살리는 기도를 통해 그리스도의 능력에 감동되면 그때부터 자기희생이 가능해진다. 동혁이네를 살려달라고 기도한 후에야 나는 자기희생을 배울 수 있었다.

하나님은 죽음을 통해 새 생명을 탄생시키신다!

예수님이 죽음을 이기셨다. 그분의 사람들도 같은 일을 한다. 크리스천은 죄에 대해 그리스도와 함께 죽고, 의에 대해 그리스도와 함께 부활한 사람들이다(롬 6:11). 진정한 생명을 얻은 자들이다.

예수님은 그런 사람들을 다시 세상에 보내신다(요 17:18). 그들을 통해 또 다른 사람들에게 진정한 생명을 얻게 하신다 (요 17:20). 이 일은 예수님의 기도로 진행되었다(요 17:1-21). 오늘날도 예수님의 사람들이 같은 일을 한다.

동혁이 아빠도 그랬다. 시한부 인생이 예수님을 믿고 생명의 유예기간을 얻었다. 이후 그를 통해 또 다른 죽어가는 사람들이 그리스도를 통해 새 생명을 얻었다. 나도 그래야 한다. 누군가에게 드리운 죽음의 그림자는 새 생명의 전조다. 살리는 기도를 통과할 때 죽음은 생명을 낳는다.

살려달라는 기도를 하기 전까지 나는 동혁이를 위해 기도한다고 생각했다. 그러나 오해였다. 알고 보니 나를 위한 기

도였다. 기도하면서 이사야서 말씀이 떠올랐다. 나는 성경을
펼쳤다.

내가 네 기도를 들었고 네 눈물을 보았노라 내가 네 수한에 십
오 년을 더하고 사 38:5

동혁이 아빠만 생명이 연장된 것이 아니었다. 나도 예수
안에서 새 생명을 얻어 살고 있었다. 그렇게 내 생명도 연장
되었다.

기도하는 사람은
역시 달라

히스기야가 낯을 벽으로 향하고 여호와께 기도하여 이르되
왕하 20:2

죽음의 그림자는 공평했다 _____

생명을 주신 이가 죽음을 경고하셨다(창 2:17). 물 떠나면 물고기의 호흡이 멎듯, 창조주께서 직접 세우신 생명의 질서를 떠나면 사람도 죽는다. 풍성한 생명력의 길이 생명을 빚으신 분께 있다. 그분에게서 멀어지면 멀어질수록 생명이 사라지고, 그 빈자리에는 모든 종류의 고통만 남는다(신 28:20-68). 이 뻔한 이야기를 죄인들은 싫어했다. 죽어가면서도 죽어가는 길을 고집했다. 유다의 역대 왕들도 한결같았다.

그중에서도 최악을 하나 꼽으라면 아하스 왕이 있다. 그는 하나님보다 외국 왕을 더 의지했다. 이웃 나라 앗수르 왕에게 잘 보이려고 그의 온갖 우상을 자신의 신으로 섬기며 형제 나라 이스라엘과 반목을 심화시켰다. 그는 의도적이고 적

극적으로 하나님을 대적했다. 왕위에 있는 동안 그가 했던 일들은 참혹했다. 바알 제작과 숭배, 인신 제사, 산당 유지, 성전 파괴 등(대하 28:1-25). 대표적인 것 몇 개만 나열해도 죽을 일투성이였다. 개인의 죽음만이 아니었다. 온 나라에 죽을 일들만 골라 들여놓고 죽었다(대하 28:26,27).

죽은 자는 말이 없었다. 문제는 다음 세대였다. 고통이 심화된 시대가 열렸다. 하지만 아하스가 죽고 이어 왕이 된 아들 히스기야는 아버지와 다른 길을 걸었다. 그는 다윗의 뒤를 잇는 하나님의 사람으로 자랐다(왕하 18:3). 즉위하자마자 국내의 모든 우상을 물리쳤다. 오랜 전통도 우상과 관련 있다면 부쉈다(왕하 18:4). 그는 유다 왕 중 최고였다(왕하 18:5). 그럼에도 불구하고 죽음의 그림자가 그를 덮쳤다. 죽음은 아하스에게처럼, 히스기야에게도 공평했다. 차이가 있다면 죽음에 대처하는 방식이었다.

죽음에 대처하는 히스기야

히스기야는 아하스와 모든 면에서 차이를 보였다. 죽음에 대처하는 법에 있어서도 달랐다. 아하스는 죽을 일을 만들어 냈다면 히스기야는 살 길을 열었다. 아하스가 죽을 일로 죽었다면 히스기야는 죽을 일로 기도했다. 그의 기도를 성경은 이렇게 보여준다.

히스기야가 낯을 벽으로 향하고 여호와께 기도하여 이르되 여
호와여 구하오니 내가 진실과 전심으로 주 앞에 행하며 주께
서 보시기에 선하게 행한 것을 기억하옵소서 하고 히스기야가
심히 통곡하더라 왕하 20:2,3

여기서 하나님의 사람이 죽음에 어떻게 반응하는지를 알
수 있다. 그것은 크게 세 가지다.

낯을 벽으로 향하고 여호와께 기도했다

히스기야는 죽음 앞에서 면벽을 택했다. 거기서 기도했다.
죽음을 받아들인 사람의 모습이다. 그가 죽을 병에 걸렸을
때, 하나님의 사람 이사야 선지자가 "집을 정리하라 네가 죽
고 살지 못하리라"는 말씀을 전했다(왕하 20:1). 히스기야는
이 죽음에 반대하지도 하나님을 적으로 돌리지도 않았다. 오
히려 자신의 능력을 넘어서는 삶과 죽음의 문제 앞에 기도를
택했다. 벽으로 향했다는 것은 다른 길을 찾지 않겠다는 뜻
이었다. 이 태도로 죽음의 문제를 놓고 하나님과 대화했다.

하나님과의 관계를 근거로 기도했다

그 기도는 우상숭배자들의 기도와 달랐다. 히스기야의 기
도는 "헌 집 줄게 새 집 다오" 식의 계약관계 기도가 아니었

다. 그와 하나님 사이는 인격적이었다. 죽음이 닥치기 전부터 그랬다. 히스기야는 하나님을 램프의 지니처럼 대한 적이한 번도 없었다. 그는 하나님을 하나님으로만 대했다.

그에게는 성경이 하나님의 사람들에게 반복해서 요구하는 '하나님을 경외함'이 있었다. 그는 정치적 목적을 가지고 바알을 숭배했던 아버지 아하스 왕과는 본질적으로 다른 태도를 취했다.

예를 들어, 그는 "살려만 주신다면, 제 여생을 주께 드려 종교개혁을 하겠습니다"라는 식의 기도를 하지 않았다. 죽음을 받아들인 후, 하나님과의 관계 안으로 이전처럼 들어갔다. 이 모습은 하나님을 여전히 하나님으로 대하는 것이었다. 자신의 삶이나 죽음의 문제와 상관없었다. 죽어도 하나님은 하나님이시고, 살아도 하나님은 하나님이시다.

심히 통곡했다

기도의 여러 모습이 있다. 그중에서도 심한 통곡의 기도는 죽음과 관련이 있다. 심한 통곡으로 기도하는 것은 신약에도 다음과 같이 등장한다.

그는 육체에 계실 때에 자기를 죽음에서 능히 구원하실 이에게 심한 통곡과 눈물로 간구와 소원을 올렸고 그의 경건하심으

예수님의 기도 모습에 대한 요약이다. 말씀에 의하면, 그 분은 공생애 내내 이렇게 기도하셨다. 이유는 구원을 위함이 었다. 예수님의 소명을 생각해본다면, 이 통곡기도는 모두를 살려달라는 전적 호소였다.

히스기야는 죽음 앞에서 기도했다. 그것은 살리는 기도였 다. 왜냐면 기도 후 그는 죽지 않고 살았기 때문이다. 히스 기야가 죽을 것이라고 하나님의 말씀을 전한 선지자는 이사 야였다. 히스기야의 기도가 끝나기도 전에 하나님의 말씀이 다시 이사야에게 임했다(왕하 20:4). 3일 만에 병이 낫고, 죽 지 않고 15년을 더 살 것이라는 말씀이었다(왕하 20:5,6). 이 생명력은 확실했다. 심지어 증표로 해시계 그림자가 10도 뒤 로 물러나는 것을 기도했을 때, 그대로 되었다(왕하 20:8-11).

본문을 요약하자면, '죽음 – 기도 – 풍성한 생명'이었다. 히스기야는 살리는 기도의 전형을 보여주는 성경 인물이 되 었다.

모세의 기도

살리는 기도자는 히스기야뿐만이 아니었다. 그보다 약

778년 전에 모세 역시 살려달라고 기도했다(출 32:9-14, 31-33). 알다시피 그의 탁월한 리더십은 역사적으로도 전무후무하다. 수백만 명의 이집트 노예 백성을 40년이나 광야에서 이끌었던 인물이다. 그러나 이는 나중의 평가였다(민 12:3). 처음에는 전혀 리더십이 없었다.

그는 태어나자마자 죽을 위기를 극적으로 넘겼던 사람이었다(출 1:22-2:10). 커서는 나이 마흔이 될 때까지도 히브리인과 이집트 왕조 사이에서 이러지도 저러지도 못했던, 줏대 없는 인물이었다(출 2:11-15). 결국 그를 하나님이 다시 만나주실 때까지, 또 다른 40년을 광야 도망자로 자기 재산도 없이 처가살이했던 사람이었다(출 2:11-3:4).

그런 모세가 자기 노선을 결정한 것은 80세의 노인이 되어서였다. 모세는 노년에야 하나님을 만났고 그분의 명령을 수행하기 시작했다. 그때부터 40년간 출애굽 리더십 여정을 출발했다. 문제는 백성들의 불신 상태였다. 그들은 매번 불평했고, 우상숭배로 일관했으며, 하나님이 구원하실 때마다 하나님을 속히 떠났다.

그 광야 여정을 살펴보면 죽음의 순간마다 모세의 기도가 등장한다. 특히 출애굽기 32장에서 죽을 백성들을 살려달라는 모세를 보면, 거기서도 세 가지 원리가 드러난다. 하나씩 살펴보자.

그의 하나님 여호와께 기도했다

하나님은 모세를 선택하셨다. 죽음의 그늘이 드리워진 이집트 땅으로 그를 보내셨다. 그리고 하나님의 말씀대로 모든 일을 진행하셨다. 하나님과 하나님의 백성 사이에 모세, 그가 있었다. 모세가 이끌면 이집트도 물리치고, 홍해도 갈라졌다. 모세가 손을 들면 전투도 이기고 하늘에서 음식도 내렸다. 죽음에서 생명으로 옮긴 사람 수백만 명이 광야를 통과 중이었다.

문제는 모세가 잠깐 자리를 비운 사이에 생겼다. 그들은 하나님을 "속히 떠나" 우상숭배를 시작했다(출 32:8). 생명에서 멀어졌다. 죽음이 엄습했다. 하나님 말씀은 확고했다.

> 그런즉 내가 하는 대로 두라 내가 그들에게 진노하여 그들을 진멸하고 너를 큰 나라가 되게 하리라 출 32:10

모세는 죽음 앞에 다른 선택이 없었다. 그 역시 하나님을 반대하지도 저항하지도 않았다. 그저 기도를 시작했다. 하나님께 집중했다.

하나님과의 관계를 근거로 기도했다

모세에게도 하나님은 하나님이셨다. 그는 가시떨기 나무

아래서처럼 하나님과 대화했다. 하나님과 그동안 가졌던 관계를 지속했다. 모세는 그동안 하나님이 자신과 백성들에게 해주셨던 구원의 일들을 말씀드렸다. 하나님이 직접 아브라함에게 주셨던 약속을 기억하며 기도했다. 죽음을 선포하는 하나님도 모세에게 구원을 약속하신 하나님과 동일한 하나님이셨다. 그는 죽을 일을 했던 백성들을 뒤로하고 하나님과의 관계에 집중했다.

살려주지 않으시면 차라리 자신이 죽겠다고 기도했다

출애굽 백성들에게 죽음은 정해진 것이었다. 그들은 돌이킬 수 없는 범죄를 저질렀다. 구원 여정을 시작하자마자 그들에게 죽음의 그림자가 덮였다. 이때 모세는 생명력의 근원 되신 하나님과 죽음이 정해진 백성 사이에 섰다. 그리고 자신의 죽음으로 배수의 진을 쳤다. 그는 이렇게 부르짖었다.

> 그러나 이제 그들의 죄를 사하시옵소서 그렇지 아니하시오면 원하건대 주께서 기록하신 책에서 내 이름을 지워버려주옵소서
> 출 32:32

물론 모세의 요청대로 하나님이 역사하시지는 않았다(출 32:33). 이에 대해 모세도 잘 알았다. 그가 이렇게 기도한 것

은 모두의 죄와 그 결과를 자신의 것으로 떠안겠다는 것이었다. 히스기야가 심한 통곡으로 자신의 죽게 된 것을 위해 기도했던 것과 같다. 히스기야 왕에게도 죽음이란 누구 때문에 온 것이 아니었다. 그것은 이전 세대부터 이어져 내려오던 모두의 죽음이었다. 모세 역시 모두의 죽음을 자신의 죽음과 동질로 대하며 기도했다.

모세와 히스기야의 공통점

모세도 히스기야도 죽음에 어떻게 대처하는지 보여준다.

하나님께 순종하던 리더에게도 죽음이 엄습했다. 백성들의 우상숭배는 그의 리더십의 방향과 전혀 멀었다. 백성들은 죽음을 향해 내달렸다. 그러자 광야의 리더는 모두의 죽음을 자신의 죽음으로 끌어안고 기도했다. 하나님과의 약속을 근거로 살려달라고 했다. 그리고 죽을 수밖에 없는 일을 한, 수백만 명을 살렸다.

한편, 악행했던 선조가 죽었다. 이후 나라 안에 죽을 일만 가득했다. 대를 이은 왕은 이에 대조적이었다. 하나님 앞에 선행을 보였다. 그러나 그에게도 죽음이 찾아왔다. 죽을 병에 덮였다. 뒤이어 죽음을 준비하라는 하나님의 말씀이 선지자를 통해 전해졌다. 확인 사살 같았다. 죽을 일만 남았다. 이때 그 역시 기도를 시작했다. 이미 하나님을 하나님으로 대하던 태도 그대로, 면벽하며 기도했다. 심한 통곡으로 집중했다. 그러자 해도 뒤로 10도 물러났다. 그의 생명이 15년 연장된다는 약속의 증거였다.

이들은 같은 면이 있었다. 둘 다 죽음을 대하는 태도가 남달랐다. 말하자면, 모세도 히스기야도 필연적 죽음을 남다른 기도로 대처하며 생명으로 바꾼 인물들이었다.

이렇게 자신과 타인의 죽음 앞에서도 죽지 않는 사람들이 있었다. 그들이 했던 기도, 죽음을 생명으로 뒤집는 기도에 딱 맞는 표현이 있다.

그것은 '살리는 기도'다.

죽음을 망각한 인생

인류가 하나님을 떠난 이래 죽음에서 벗어난 적은 한 번도 없었다. 누구나 죽음의 추격을 당하다 결국 죽었다. 죽기까지 따라다니는 죽음의 그림자는 모습도 여러 가지다. 질병, 사고, 문제, 상처, 기타 다양한 종류의 고통이 다 한통속이다. 이들로부터 자유로운 인생이 없다.

그런데 가만, 누구도 피할 수 없는 죽음이 도처에 있는데, 이에 어떻게 대처해야 하는지 어디 가서 딱히 배운 적이 없다. 죽음에 대한 조언이 간혹 있긴 하다. 그러나 그 조언은 죽음의 일반성이나 무게에 비하면 너무 초라하다.

생각해보면, 세상에 떠도는 조언들은 삶에 대한 조언이 대부분이다. 이런 영역은 통속적으로 '성공문학' 혹은 '자기계발 분야'라고 불린다. 최근에 생긴 철학도 아니다. 역사가 깊다. 아리스토텔레스 같은 고대의 철학자나 공자나 노자 같은 동양의 스승들도 어떻게 사는 것이 진정한 성공인지 이미 조언했다. 그리고 21세기에도 여전히 많은 지혜자가 이 분야에서 가르치고 있다.

그도 그럴 것이 사람들은 죽음보다 삶에 관심이 많다. 그래서 물어댄다.

'어떻게 하면 내가 원하는 성공을 이룰 수 있는가?'

'내 인생을 최고로 만드는 비결은 어디에 있는가?'

'무일푼으로 세계적 부자가 된 사람들로부터 내가 배울 공통적인 특징들은 무엇인가?'

'지금껏 쌓아온 성공을 어떻게 더 잘 관리할 수 있는가?'

많은 경우, 성경책을 펼쳐 들고도 같은 질문들을 던져댄다. 그래서 어떻게 삶을 더 성공시킬 수 있는지를 성경의 언어를 차용하여 풀이하는 성공문학 종사자도 많다.

시대별로 관점의 차이는 있지만, 공통점은 여전하다. 그것은 바로 살아있음을 전제로 한다는 것이다. 성공신화들은 하나같이 죽음도, 죽음 이후도 염두에 두지 않는다. 예를 들어, 100년 안에 누구든 반드시 죽을 것이니 적당히 성공하라는 이야기 따위는 없다. 죽음에 이르는 과정도 전혀 예측 불가하니 성공은 허무하다는 이야기도 존재하지 않는다. 갑작스런 사고나 질병, 혹은 몇 년 안에 자연사할지 등을 미리 예상해보라는 말도 없다. 성공문학은 하나같이 죽음을 전제하지 않는다. 삶을 맹신한다.

모든 생명은 죽음을 향해 내달린다. 죽음 때문에 생명은 허무하다. 그래서 삶만을 전제로 한 자기계발 철학들도 허무하다. 삶은 죽음에 비해 상대적으로 짧다. 이를 생각하면 성공은 힘을 잃는다. 대부분의 사람이 살아있음이 곧 끝난다는 사실을 잊고 산다. 죽음을 망각한 채 삶이 영원한 것처럼 사는 인생들에게 성경은 죽음에 대해 질문한다.

하나님은 이르시되 어리석은 자여 오늘 밤에 네 영혼을 도로 찾으리니 그러면 네 준비한 것이 누구의 것이 되겠느냐 눅 12:20

살리는 기도자의 탁월함

죽음을 잊고 사는 것은 부자연스럽다. 이것이 자연스럽게 다가오는 이유는 있다. 죽음을 이기는 능력이 누구에게도 없어서다. 그러나 살리는 기도를 하는 사람들은 남다르다. 그들은 모세와 히스기야만큼이나 특별하다. 특히 세 가지 측면에서 그렇다.

첫째, 죽음을 남보다 앞서 인식한다.

모세와 히스기야를 통해 보았던 것과 같다. 그들은 자기 능력으로 죽음을 다루지 않는다. 세상보다 한발 앞서 하나님의 눈으로 죽음을 본다. 삶의 유한성을 인식하는 수준을 넘어선다. 죽음의 출처를 자각하는 삶을 살고 있다. 하나님을 떠나면 죽고 가까이하면 산다는 사실을 분명히 알고, 매 순간 놓치지 않는다. 삶을 대하는 관점이 남다르다. 죽을 때에 가서야 죽음을 인식하는 것과 차원이 다르다. 하나님의 생명력을 다루는 '영원'이라는 관점을 가지고 산다. 죽음과 생명을 바라보는 그들의 기준은 하나님께 있다.

둘째, 이미 하나님과 남다른 기도의 관계가 쌓여있다.

그들에게 남다른 시각이 있는 이유는 하나님과의 관계가 남다르기 때문이다. 살리는 기도자들은 삶을 기도에 사용한다. 이미 하나님과 오랜 시간 기도로 교제해오면서, 자신과 다른 이들을 기도로 지켜왔다. 하나님과 동행하는 동안 하나님의 관점을 엿본다.

모세와 히스기야를 다시 떠올려보라. 그들이 살리는 기도를 시작했던 때를 보라. 하나님이 죽음을 알려주시자마자 기도했다. 만약 그들이 평소에 하나님과 깊은 교제를 지속하지 않았다면 있을 수 없는 일이었다. 그들은 이미 하나님과 대화해왔고, 하나님의 말씀과 관점에 익숙했다.

셋째, 하나님께서 살리실 것을 전적으로 믿고 기도한다.

하나님과의 관계에서 발견한 죽음엔 소망이 있다. 하나님은 살리시는 분이다. 죽이실 것이었다면 이미 죽었을 것이었다. 죽음을 미리 알려주셨다는 것은 살리시겠다는 뜻이었다. 히스기야도 모세도 이를 알았다. 덕분에 그들이 할 일은 하나뿐이었다. 살리는 기도. 하나님이 하나님의 일을 이루시기까지 완전히 기도에 몰두했다.

둘의 기도 모습은 달랐다. 모세는 목숨을 걸었고, 히스기야는 면벽 통곡했다. 그러나 핵심은 같았다. 그들은 하나님이 어떤 분이신지 알았기에 적극적으로 기도에 집중할 수 있었다.

어떤 기도든 말씀대로 기도하면 이뤄진다(요 15:7). 살리는 기도자들은 하나님의 뜻을 안다. 아는 대로 기도한다. 그들이 기도에 내놓은 목숨은 살리실 하나님을 믿는다는 의미다.

죽음을 생각하지 않을 때 일어나는 여섯 가지 일

살리는 기도자는 특별하다. 하나님의 생명력을 이 땅에 던지는 사람들이다. 그들은 죽음이 가득한 세상에 꼭 필요한 존재다.

이 시대만큼 살리는 기도자가 필요한 때도 없었다. 오늘날은 죽음에 대한 인식이 가장 희박한 시기다. 농토 중심의 봉건제 사회나, 상인 경제가 세상을 지배할 때나, 혹은 일상의 거의 모든 것이 표준화되었던 공장형 시대보다 더 희박하다.

단순히 말하자면, 지금처럼 사람이 오래 살아있었던 때가 없었다. 물론 예외는 있었지만, 그래도 '평균' 수명을 살펴보자면, 조선의 왕들은 47세였고 20세기 후반에는 70세를 전후했다. 그러나 오늘날의 최빈 사망연령은 곧 90세를 넘어서게 된다. 흔히 말하는 100세 시대가 왔다. 이제 사람들은 과거 어느 때보다 더 삶의 질을 따지게 되었다. 어떻게 살 것인가의 문제에 골몰한다.

오늘날의 노년층은 과거와 다르다. '한때는 나도 청년이었지'라고 과거를 돌아보며 죽음을 준비하던 사람들이 사라지고 있다. 그 대신 인생은 60부터라며, 은퇴까지의 경험과 지혜를 살려 본격적으로 성공을 지향하는 사람들이 늘어나고 있다. 이런 사회는 죽음 이야기를 피한다. 살아갈 이야기가 환영받는다. 죽음에 관련한 화제는 외면받는다. 이제 성공문학은 연령을 가리지 않는다.

죽음을 생각하지 않는 시대는 활기가 넘칠지는 모르나, 다른 면에서 보면 삶의 무게가 떨어진다. 그 모습은 다음과 같다.

1. 인생이 짧다는 사실을 잊게 된다

죽음을 잊으면 생명의 가치도 함께 희미해진다. 야고보서는 이렇게 말한다.

"내일 일을 너희가 알지 못하는도다 너희 생명이 무엇이냐 너희는 잠깐 보이다가 없어지는 안개니라"(약 4:14).

생명에는 끝이 있다. 인생은 영원히 지속되는 것이 아니다. 끝난 후 재생도 안 된다. 그렇기에 삶은 누구에게나 그 가치가 높다. 죽음을 생각하지 않고 살면 삶의 가치가 떨어진다.

2. 목적이 불분명한 삶을 산다

죽음 때문에 생이 유한하다는 것은 사실이다. 죽음은 누구에게나 진실이다. 그러나 이를 잊고 살면 존재의 목적에 대해서 스스로 생각하지 않게 된다. 생의 의미를 질문하지 않는다. 별생각 없이 산다. 주변인과 자기 시대의 문화를 따라 쉽게 휩쓸려 다닌다.

어디서 와서 어디로 가는지 도무지 묻지를 않는다. 그래서 답이 있어도 무관심하다. 78억분의 1의 개성이 왜 존재하는지, 무엇을 위해 살아야 하는지, 지금처럼 살아도 되는지, 안 된다면 답은 어디에 있는지 등을 고찰하지 않는다. 흘러가는 세파 따라 떠다니며 산다.

3. 문제가 나타나면 쉽게 흔들린다

죽음을 잊은 생명은 흔들린다. 존재의 목적을 생각해본 적 없는 인생은 모든 일에 허무하다. 살아있으니 살아간다는 식의 삶은 온갖 문제를 일으킨다. 극작가 셰익스피어는 이렇게 말했다. "겁쟁이는 죽음에 앞서 몇 번이고 죽지만 용감한 사람은 한 번밖에 죽음을 맛보지 않는다."

죽음을 알고 존재의 의미를 숙고한 사람은 인생의 온갖 문제 앞에 흔들리지 않는다. 그는 죽음을 미리 생각해봤고, 알고 있다. 그러나 죽음을 망각한 인생에 죽음의 그림자가 덮치면 그때마다 방향 없는 불안을 느끼며 실수를 해댄다.

4. 영원을 지향하지 않는다

누구나 죽음에 직면하면 초월적 존재를 떠올리게 된다. 죽음을 고뇌해본 경험이 있는 사람이라면 더욱 잘 알 것이다. 그런 이들은, 기독교인이든 아니든 '영원'이라는 것을 한 번쯤 생각해봤을 것이다(행 17:22). 영원한 존재이신 하나님을 묵상하는 것이 자연스럽게 진행된다. 창조주께서 이미 올바른 지식의 씨앗을 사람 안에 넣어두셨기 때문이다(롬 1:19).

성경에 존재의 답이 있다. 죽음을 잊고 살아 그렇지 본연의 생명은 무한하다. 이는 창조주의 속성, 영원과 맞닿아있다. 그 생명에는 영원에 근거한 분명한 이유가 있다. 그 가치

는 전 우주적이다(눅 15:7). 시공을 초월하는 영속성의 파워
도 있다. 죽음을 미리 생각해본 사람들은 자기 경험도 맹신
하지 않는다. 죽음을 경험한 사람은 모두 죽었다. 아직 경험
해보지 못한 죽음을 생각하는 동안 지각은 영원을 향해 뻗어
나간다. 경험계보다 더 큰 세계를 생각해본다. 눈에 보이는
모든 존재 뒤에 도사리고 있는 보이지 않는 세계를 짐작해본
다(고후 4:18). 그러면서 생명보다 더 큰 존재, 하나님에게 마
음을 쏟는 법을 배우게 된다. 성경 말씀대로다.

> 이는 하나님을 알 만한 것이 그들 속에 보임이라 하나님께서
> 이를 그들에게 보이셨느니라 롬 1:19

　그러나 안타깝게도 죽음을 잊고 사는 인생에게는 영원에
대한 지식도 자신을 감춘다. 그래서 영원한 존재의 궁극에 계
신 하나님이 없는 것처럼 산다. 가랑비를 부정해도 옷은 젖
는다. 지각세계의 모든 것을 뛰어넘는 존재를 무시하고 살아
도 그 영향력 아래 살고 죽는다. 죽음 앞에 힘없는 일시적 존
재들을 추구하면서, 하나님보다 자기 자신을 더 믿으면서
살아가는 것은 생명의 가치와 목적에 전혀 걸맞지 않다. 최
신형 스마트폰으로 못질을 해댄다거나, 세계에 단 한 대뿐인
초슈퍼카로 공사장 폐자재를 나르는 격이다. 죽음을 잊은

인생은 '영원'에 걸맞지 않은 인생을 운영한다.

5. 현실에 대한 균형감각이 사라진다

　다가오는 죽음에 대한 인식은 사람을 현재에 집중하게 만든다. 주변을 둘러보라. 아침부터 밤까지 온갖 일에 휩싸여 산다. 도시는 사람들로 붐비고 가는 곳마다 할 일이 넘친다. 누구든 그렇다. 직장인이든 사업가든, 여행객이든 잠시 휴식 중인 사람이든 한가한 사람이 없다.

　세상은 사물 인터넷(Internet of Things)으로 날로 더 가까워지고, 빅데이터와 인공지능의 등장은 먹고사는 일에서까지 개인화를 가능케 하고 있다. 이 시대 어디를 둘러봐도 죽음이 존재하지 않는 것만 같다. 죽어가는 사람들에 대한 이야기조차 자신의 삶을 위한 가십쯤으로 쉽게 다룬다. 세계를 휩쓸고 지나가는 신종바이러스로 몇 명이 죽든, 그들의 생명이 어떤 가치를 가지고 있는지는 관심이 없다. 단지 내가 이 위기에 어떻게 살아가는지에 대해 상기시켜주는 가십일 뿐이다. 전 세계적으로 10세 미만의 어린아이가 5초에 1명꼴로 굶어 죽어가는 현실도 별로 중요하지 않다. 이런 식으로 낙태, 토양 오염, 물과 식량 부족, 미성년자 성착취, 미혼모, 전쟁, 기아, 고아 등의 문제들 모두, 살아가는 나에게는 아무 상관없는 일들로 전락한다.

각 개인에게는 그저 활발히 움직이는 세상이다. 남의 죽음만큼이나 자신의 죽음에 대한 이야기 역시 거의 거짓에 가깝게 느껴지는 환경이다.

또 다른 한편으로 세상의 삶은 너무 산만하다. 이 때문에 개인의 현실에도 충분히 집중할 수가 없다. 무엇보다, 자신의 소명에 깊이 몰입하기가 힘들다.

이야기가 길어질 것 같으니 이 부분은 예를 하나 들어보자. 플래너리 오코너(Flannery O'Connor)라는 작가가 있었다. 그녀는 미국문학을 대표하는 작가 중 한 명으로, 1949년부터 작가 활동을 공식적으로 시작했다. 그러나 문학사에 획을 그은 대부분의 작품은 1952년 이후에 쏟아냈다. 그녀가 전신 홍반 루푸스 질병(SLE)으로 시한부 판정을 받으면서부터이다. 예견된 죽음이 그녀를 소명에 집중케 했다.

그녀에게는 매일 몰아치는 고통이 있었다. 루푸스와 그 합병증으로 그녀는 10년 넘게 매 순간 몸부림쳤다. 이보다 더 죽음이 가까이 있을 수 없었다. 그러나 아이러니했다. 여기서 생명력이 터졌다. 아직 살아있다는 것을 배우고 또 배웠다. 그래서 글을 써댔다. 소명을 이루는 것 외의 다른 소란들은 모두 매일 조금씩 고통스럽게 다가오는 죽음 앞에 잠잠했다.

죽음을 부정하는 환경은 현실을 부정한다. 전 세계적인 공통의 문제들을 우리의 문제들로 받아들이는 것도, 개인적인 인생 방향성을 매 순간 실천하는 것도 방해한다.

6. 공동체를 부정한다

죽음을 생각하지 못하는 상태로는 자기 자신을 믿는다. 이것 자체는 나쁘지 않다. 그러나 어떤 믿음보다 우선하는 것은 문제가 된다.

죽음이 없는 것처럼 살면 삶을 맹신하게 된다. 계속 살아 있을 것처럼 살다 보면 삶 자체를 믿게 된다. 자기 자신의 호흡, 경험, 이력, 능력, 잠재력 등이 세상을 초월할 것이라는 성공문학의 속삭임은 이를 겨냥한다. 모든 활동을 자신에게 맞춘다. 현재의 생명을 스스로 풍성히 성장시키기 위한 시간으로 하루를 가득 채운다. 그러다 보면 두 가지 문제가 시작된다. 하나는 내적인 것이고 다른 하나는 외적인 것이다.

내적으로는 자기 자신을 스스로 높인다. 다른 말로는 교만해진다. 이런 사람은 파멸의 길로 들어간다. 교만한 자는 실패하든 성공하든 끝난다. 잘되면 스스로를 신처럼 대하고, 잘못되면 깊은 회의감에 빠져 자기 파괴적 감정과 행위를 나타내게 된다.

또한 외적으로는 사회적 고립의 길로 간다. 이미 교만하던 자도 죽음 앞에 서면 겸허해진다. 주변을 둘러보며 우선순위가 뒤집힌다. 특히 인간관계를 모두 되돌아본다. 하지만 죽음이 없는 것처럼 살아 교만해지면, 성공하든 망하든 주변에 사람이 없어진다. 스스로를 무한히 높여도 홀로 되고, 자괴감에 빠져 낮아져도 진정성 있는 인간관계는 불가능해진다.

자괴감, 부러움, 자존심 상함 등은 모두 교만에 뿌리를 둔다. 교만이 실패를 만났을 때 일어나는 감정들이다. 반면에 성공한 자나 아닌 자나 누구든 결국 죽는다는 사실을 아는 사람들은 동질감이 있다. 개인에게뿐 아니라 사회관계의 연결망으로 들어가도 마찬가지다. 죽음만큼이나 모두가 공평하게 공유하는 운명이 또 있을까? 죽음에 대한 철학적 인식만 있어도 전 인류가 공동 운명체임을 알게 된다.

생을 내건 외침

'어떻게 살아야 하는가?'

이 질문은 자기계발 분야의 전유물 같다. 그러나 생의 이면에 죽음이 있음을 생각할 때 질문은 한 단계 더 나간다.

'죽음이란 무엇인가? 그 의미는 무엇이며 죽음 앞에 어떻게 행동해야 옳은가?'

만약 이 질문을 가지고 성경을 펼쳐본 이들이라면, 다시 처음의 질문으로 돌아갈 수 있을 것이다. 그러나 이번에는 방향이 하나 더 생길 것이다.

'어떻게 살려야 하는가?'

21세기를 보라. 히스기야의 시대와 너무 닮아있다. 모세의 출애굽 여정과도 많이 닮았다. 최근의 일들만 봐도 그렇다. 새로운 바이러스의 등장, 세계적인 경제 타격, '지구화 – 도시화 – 금융화' 세계의 시스템을 전반적으로 둘러엎어야 하는 시대적 요구…, 그리고 변화들.

인류사를 뒤돌아보면 전 지구적 변화 요구들은 세기마다 죽음의 위협으로 시대를 강타했다. 역사는 반복되고, 진리는 매번 스스로를 증명한다. 평소에 죽음을 인식하며 하나님 앞에 엎드려 지냈던 사람들과 아닌 사람들은 과거만큼이나 현재에도 확연히 구별된다. 죽음의 근원과 이후를 이미 알았던 사람들, 하나님의 말씀을 먼저 들었던 사람들, 기도의 자리에서 자신을 지키고 사랑하는 사람들을 지키던 사람들. 그들은 성경 안팎에서 살아 숨 쉬고 있다. 갑작스레 맞닥뜨린 죽음 앞에 이러지도 저러지도 못하는 사람들을 보며 그들은 살리는 기도를 한다. 히스기야처럼 통곡하고, 모세처럼 배수의 진을 친다.

그들은 어떻게 살 것인가라는 질문으로 하나님 앞에 간다. 거기서 죽음의 의미를 발견한다. 그리고 자신들의 생을 내건 외침으로 복귀한다.

"살려주소서!"

죽음을 생명으로
뒤집으시다

●
야곱의 허리에서 나온 사람이 모두 칠십이요 요셉은 애굽에 있었더라
출 1:5

고대의 삶과 죽음 ———

살리는 기도의 원형이 성경에 나온다. 이는 죽음을 다루시는 하나님의 관점에서 시작한다. 출애굽 여정 중 모세의 기도 역시 이를 잘 보여준다.

당시의 죽음과 삶에 대한 관점을 먼저 살펴보려고 한다. 함께 고대 나일 강가로 가보자.

나일 문명이 들어서던 때였다. 어디로 가도 지뢰밭 같았다. 죽음이 도사렸다. 비는 거의 오지 않았다. 깊은 우물도 저마다 주인이 있었고 그나마 자고 일어나면 말라붙기 일쑤였다. 오아시스를 찾아다니는 이들은 허리에 칼을 찼다. 물기 먹은 바위틈에는 독사 무리와 전갈 둥지가 먼저 자리했

다. 드물게 드리운 계곡 그늘 사이로는 강도가 떼를 지어 다녔다. 도처에 죽을 일이었다.

희망은 있었다. 열사(熱沙) 위로 흐르던 바람이 뜨거운 소문을 전했다. 대륙의 북부로 가면 살 수 있댔다. 사막의 공포였던 태양신, '라'가 강림하는 하늘의 통로가 거기 흐른댔다. 이슬 먹은 진흙을 찾아 헤매지 않아도 되는 풍부의 땅, 썩기 전에 말라버리는 사체는 더 이상 찾아볼 수 없는 생명의 땅, 빼앗는 불한당도 없고, 빼앗길 불안도 없는 불사의 땅, 생명력 넘치는 '이테루'의 나라가 거기 있댔다.

이테루

고대 이집트어 '이테루'의 신성문자 표기

이미지 출처: 위키백과(File:Iteru.png: User:WingWing (talk)Derivative work: KES47 / CC BY-SA)

고대 이집트어 '이테루'(iteru). 이는 생명을 상징하는 신성한 단어였다. 동시에 대륙을 관통하는 물줄기의 이름이기도했다. 그곳은 세계의 중심이었다. 죽음의 그림자에 내몰린 사람들은 이테루의 강이 흐르는 곳을 찾아 대륙을 횡단하고 바다를 건너왔다. 조금이라도 더 가까이 가려고 대를 이어 여행하기도 했다.

그 강은 고대인들에게 이테루가 무엇인지를 보여주었다. 세상의 심장이라고 불렸던 '니안자'(오늘날의 빅토리아 호수)에서 뻗어 나와 6천 킬로미터를 흘러왔다. 왕의 군대를 동원해서조차 갈 수 없어 보이는 긴 거리를 죽음을 비웃듯 관통했다.

그 강은 권력자라면 추앙할 만한 목적 자체였다. 황금의 땅 아프리카 대륙의 생명력을 모조리 훑어 모으는 강이었기 때문이다. 그 강을 차지하는 것이 곧 당대의 권력이었다. 세상 사람들은 생명력을 섬겼고, 생명력은 큰 강 가까이 갈수록 넘쳤다.

만약 강의 통제자가 등장한다면, 그는 '이테루'의 현현이자 태양신 '라'의 대리인처럼 보일 것이었다. 사람들은 그를 섬길 것이었고, 도시도 건설하고 문명도 이뤄줄 터였다. 대륙의 생명력을 쓸어모아 지중해 입구에 쌓는 강을 가진 사람. 그런 사람이 등장한다면 아프리카와 더불어 지중해 연안 나라들을 다 가질 수 있을 게 뻔했다.

그 강을 다스리는 것. 당시의 관점으로 보자면, 세계 정복을 이루는 방법이었다.

이 아이디어가 강을 타고 세상을 관통해 지중해까지 퍼지자 전쟁이 일어났다. 고대의 권력자들이 서로 다투었다. 하나님을 모르던 고대인들은 저마다 이테루의 강을 독차지하기 위해 목숨 걸고 싸웠다.

수천 번의 이테루 혈투는 싸움꾼들에게나 아닌 사람들에게나 신력(神力)이 되었다. 이긴 자는 큰 강의 통제권을 가졌다. 사람들은 그를 인간을 초월하는 존재, 인간이 다다를 수 있는 파워와 지혜를 넘어서는 존재로 떠받들었다. 이런 식으로 큰 강 하나가 권력이 되고 문명이 되었다. 쟁투 끝에 새 말도 나왔다. 강을 뜻하는 '나일'이 '이테루'와 동의어가 되었다. 그곳에는 왕들이 있었고, 그들은 자신을 이테루를 다루는 신으로 불렀다. 혹은 태양의 후예라고도 했다. 이집트 왕조의 시작이었다.

이집트 왕들

왕들은 난처했다. 생명을 통제하는 자들이 자꾸 죽어서 그랬다. 싸우다 죽고, 병들어 죽고, 사고로 죽고, 늙어서 죽고, 혹은 까닭 없이도 죽었다.

전쟁은 명분을 요구한다. 고대 나일 강변에서도 다르지 않았다. 당시 이집트 왕조는 이테루를 명분 삼았다. 본인들이 나일강의 통치자로서 자격이 있다는 것을 설명하기 위해서였다. 나일강을 태양신의 왕림 통로로 보이며, 그를 통제하는 명분을 내세웠다. 그것은 자신들이 '라'의 후예, 신적 존재들이라는 것이었다.

문제는 죽음이었다. 그들도 죽었다. 이는 명분에 반대되는 모습이었다. 앞뒤가 맞지 않았다. 만약 그들이 영생하지 않는다면 거짓말쟁이가 될 것이었다. 그러면 대전 끝에 일으킨 왕조의 정치 시스템이 위태로울 터였다.

그들은 죽음을 통제하는 생명력을 죽음 앞에서도 보여주어야 했다. 만약 그렇지 못한다면 또 다른 권력이 등장해 쿠데타를 일으키기 십상이었다.

왕들은 이러한 위기에 대비해야 했다. 이 역시 생명력, 이테루에 대한 나일 강변 사람들의 요구였다. 생명을 통제하는 자들이라면, 죽음을 다스릴 줄도 알아야 했다. 그러나 누구도 죽음을 이길 수 없었다. 왕들은 죽음에 대한 거짓말들을 만들어냈다.

생명력 이테루가 전쟁의 명분이었다면, 죽음이 무엇인지에 대한 이야기는 통치 명분이 되었다. 이전에 나일강이 어떻게 기능하는지를 우상들을 지어내 설명하던 그들이, 이번에는 죽음을 어떻게 통제하는지 꾸며대기 시작했다. 살아있는 왕들을 신격화했기에, 죽은 왕들이 죽지 않았다는 신화를 지어

댔다. 책으로도 엮었다.

왕조는 그 죽음의 책을 신성시했다. 그러나 내용은 사실이 아니었다. 권력 수호를 위한 방편으로 시작한 이야기였다. 왕이 죽고 아들이 또 왕이 되었다. 대를 거듭하는 동안 불어난 거짓은 사실처럼 정교했다. 죽은 왕들은 이테루의 현현이라서 실은 죽지 않은 것이라고 포장했다. 이야기는 터무니없었지만, 먹혔다. 대대로 왕조는 죽은 후에도 통치권이 있다는 미신을 세상에 내놨다. 왕들은 육체를 떠나 사후 세계를 다스리러 간다는 거짓말이었다. 그들은 거기서 여전히 왕권을 가지고 살아간댔다.

하나님을 모르는 백성들에게는 진위의 기준이 없었다. 미신을 받아들여 궁금해했다. 죽은 왕은 어떤 원리와 과정으로 죽음의 세계로 옮겨가는지, 산 사람들은 그들을 어떻게 섬겨야 하는지를 물었다.

권력이 낸 미신은 권력에 의해 구조화되었다. 시간이 지나면서 거짓은 확대되어 하나의 체계, 종교가 되었고 '사자의 서'는 많아졌다.

왕조는 거짓말을 지켜줄 전문가 그룹을 키웠다. 자신들을 위한 거짓 종교를 지켜줄 대리인들을 세웠다. 가짜 신들과 질문자들 사이를 연결하는 종교인들을 만들어 내세웠다. 그들에게 권력도 나눠주었다. 왕들은 신들이었고, 종교인들은 반인반신으로 추대되었다. 죽은 왕들의 영생을 정교한 미신 체계로 설명하는 법조문들과 제사장들이 탄생했다.

그뿐만이 아니었다. 왕들은 싸워 얻은 나일강 독점권을 적극 보호했다. 세상의 모든 지혜를 끌어모아 재편집했다. 각 지역의 스승들을 불러모아 나일 강가 곳곳에 쌓아올렸다. 별들의 움직임에 따른 나일의 이동과 높낮이를 수치화해서 땅의 거대 건축물들에 반영했다. 태양과 나일의 상관관계를 기록하며 태양신과 그 졸개 신들, 그리고 반인반신들 사이의 위계질서를 꾸며 세웠다. 절기별 나일강의 움직임을 상징하는 곤충, 동물, 생물들을 신격화하며 그들의 이름을 지어다가 왕들과 왕자들의 별칭으로 삼았다. 나일의 통제자들은 싸움꾼에서 신으로 바뀌어갔다.

그들의 이테루는 능력이 없었다. 그저 경쟁자들을 물리치고 얻은 강변 풍요에 지나지 않았고, 자연이 준 혜택에 대한 거만한 소유권 주장일 뿐이었다.

야곱의 허리

홍해 반대편에서 이집트로 팔려왔던 사람이 있었다. 그는 남달랐다. 나일이나 왕들을 신성시하지 않았다. 창조주 하나님을 경외하는 사람이었다. 이력도 특별했다. 처음에는 한 군인의 집에 살며 일 잘하던 외국인 노예였다가, 나중에는 이집트의 실권자까지 되었다. 그는 개인적으로뿐 아니라 국가적으로도 죽음을 풍성한 생명으로 바꾼 사람이었다. 7년 대흉년으로 이집트의 이테루가 아무 소용없던 시대에 하나님의 지혜로 살 길을 냈던 인물이었다(창 41장). 만약 요셉이 전한 하나님의 지혜가 아니었다면 이집트뿐 아니라, 나일 문명도 없어졌을 것이었다(창 41:25, 36).

그의 생명력은 단순히 대위기를 예측한 것에 그치지 않았다. 요셉의 위대함은 행동을 통해 빛을 발했다. 모두가 신성시하는 수천 년짜리 시스템을 획기적으로 바꾸었다. 진위의 기준인 진리가 요셉에게는 있었다. 이테루의 미신 따위 아무리 정교한들 통할 리 없었다. 진짜 생명력을 알았던 사람이었다. 당시의 파라오는 그를 총리로 세웠다. 성경 기록에 의하면 요셉의 권력은 사실상 파라오의 그것을 초월했다(창 41:40).

요셉과 이집트 사이의 관계를 출애굽기는 이렇게 요약하며 시작한다.

야곱의 허리에서 나온 사람이 모두 칠십이요 요셉은 애굽에 있었더라 출 1:5

이 한 구절은 의미심장하다. 출애굽기를 시작하면서 죽음과 생명을 여러 측면에서 대조하고 있기 때문이다. 이 구절을 한참 들여다보면 적어도 네 가지 맥락을 읽을 수 있다.

첫째, "야곱의 허리"는 죽음을 뜻했다.

여기 등장하는 '허리'의 성경 원문 표현을 보면 알 수 있다. 고대 이집트인들의 '이테루'를 동시대 히브리인들이 번역하자면 가장 적당한 말로 '야레크'(יָרֵךְ)가 있었다. 당시 히브리 문화에서 '야레크'는 남자의 생명력을 뜻했다. 당시의 남자들이 약속을 할 때면 상대의 손을 자신의 생명과 성을 상징하는 이 '야레크' 아래 놓고 맹세를 시키기도 했다(창 24:9). 야곱의 허리, 야레크는 이미 얍복 강가에서 '위골된 야레크'였다(창 32:24,25). 기능을 상실한 생명이었다. 창세기를 읽어봤고, '야곱의 허리'(야레크)를 기억하는 사람이라면, 출애굽기의 첫 장면이 죽음에 관한 이야기로 시작한다는 것을 알 수 있다.

둘째, 그 "허리에서 나온 사람"은 생명을 보여주었다.

꺾인 허리에서 사람이 나왔다. 발아한 씨앗은 먹을 수 없다. 죽은 씨앗이다. 그러나 추수 때가 되면 더 많은 씨앗을 얻게 된다. 죽음에서 생명이 나온다. 야곱의 허리 이야기가 이와 같다. 야곱은 야레크가 꺾인 이후에 이스라엘이 되었다. 하나님의 백성들을 대표하는 열두 지파가 거기서 나왔다. 야곱의 야레크가 끝나는 곳에서 이스라엘의 생명이 싹텄다. 죽음에서 생명이 나왔다.

셋째, '70인'이라는 숫자는 죽음을 능가하는 풍성한 생명을 상징했다.

고대 이집트인들에게는 이테루의 생명을 상징하는 수가 있었다. 그것은 10이었다. 이는 나일강을 보호하며 관리하는 신들의 숫자였고, 태양신을 설명하는 문자였으며, 또한 신전과 무덤의 건축 계산법 단위였다.

한편, 히브리인들에게도 생명을 뜻하는 수가 있었다. 그들에게는 7이었다. 이것은 창조 숫자였다. 하나님의 6일 창조와 1일 안식이 한 사이클을 이루었다. 10×7. 이 두 숫자가 섞이자 전혀 다른 숫자가 되었다. 죽음이 엄습한 세계(10)로 생명력(7)이 파고들어, 모든 피조 세계의 생명을 새롭게 하는 수(手), 70이 되었다.

제 기능을 상실한 야곱에게 생명력을 주신 하나님과 그분의 사람들이 이집트로 왔다. 그들의 생명력은 이테루보다 아래 있지 않았다. 오히려 이집트를 절체절명의 위기에서 건져낸 생명력이었다. 창조주의 신력이 이집트의 어떤 신들보다 위에 있었고 비교할 수 없는 수준이었다.

요셉의 허리에서 나온 사람 70인, 이 한마디가 죽음과 생명을 대조하는 관점으로 이집트의 역사를 요약했다. 홍해 건너에서 넘어온 요셉과 그 가족이 이집트의 죽음을 풍성한 생명으로 역전시켜왔다.

넷째, "요셉이 애굽에 있었다"는 보고는 이집트의 역사가 하나님의 생명력 중심으로 진행 중이었다는 뜻이었다.

야곱의 허리는 그가 이스라엘이 되는 과정에서 죽었다. 창세기의 기록은 이랬다.

"자기가 야곱을 이기지 못함을 보고 그가 야곱의 허벅지 관절을 치매 야곱의 허벅지 관절이 그 사람과 씨름할 때에 어긋났더라"(창 32:25).

야곱의 생명력은 나일의 이테루에 비할 바가 될 수 없었다. 너무 초라했다. 한 가정의 가장으로서도 위골되어 어긋난 능력에 지나지 않았다. 그러나 하나님이 그의 존재를 '이스라엘'로 바꾸셨다. 야곱의 생명력이 아니었다. 거기서 나온 열두 아들 중에서도 가장 연약한 요셉이 이집트를 다스리기 시작했다. 게다가 하필 야곱과 그 열두 아들의 가정이 이주했을 때, 70인이었다. 하나님의 생명력을 대표하는 사람들이 거기 있었다. 이집트의 7년 대흉년, 죽음의 그림자 사이에 요셉이 있었다.

그는 홍해 건너편에 있지 않았다. 죽음의 그림자로 가득했던 이테루의 땅에 있었다. 세계적 위기를 세계적 기회로 뒤집은 생명력, 말라붙는 나일도 이기고 죽음의 화신 같던 태양도 무색케 하는 요셉이 이집트에 있었다. 하나님을 보여주는 생명력이 하나님을 모르고 인간들과 자연을 숭배하는 사람들 사이에 거했다.

죽음을 이기는 생명력

야곱과 요셉의 하나님이 이집트 역사를 쓰고 계셨다. 죽음을 초월하며 하나님을 섬겼던 사람들이 이집트와 세상을 먹여 살렸다(창 41:38-49 ; 47:13-27).

창조주의 호흡, 루아흐가 낸 생명을 알며 섬기던 이들이 보여준 생명력이 진정한 이테루였다. 이들 덕분에 고대 이집트인들에게도 기회가 왔다. 정치 구조를 견고히 하기 위해 만든 미신을 섬기던 왕조에게도 희망이 생겼다. 이는 요셉 총리 시절부터 본격화되었다.

히브리인들이 이집트에 등장한 후 7년 대흉년의 문제가 해결되었다. 위기 상황을 참고 견디는 차원의 생존이 아니었다. 전쟁으로 표현하자면 거대한 승리였다. 파괴적이던 나일의 신들과, 사신 같던 라(태양신)는 오간 데 없었다. 죽음이 엄습한 시대가 오자, 오히려 미신의 전성기가 끝났다.

요셉과 그 가족이 보여준 창조주의 지혜란 어떤 거대한 죽음도 더욱 풍성한 생명으로 바꾸는 힘이었다. 그 70인은 누가 봐도 태양을 이긴 사람들이었다. 어디로 가도 파라오보다 큰 존재들이었다. 그들이 있는 한 하나님의 실존을 거부할 방법이 없었다. 그들 앞에 나일은 더 이상 라의 강림 통로가 아니었고, 태양의 이테루는 창조주의 사람 요셉 앞에 아무것도 아니었다.

죽음과 생명이 역전되자 이집트는 교훈을 얻었다. 이때부터 약 400년간 진짜 생명을 맛볼 기회가 주어졌다. 그 70인은 파라오들을 섬겼으나, 왕들은 오히려 그들의 하나님을 섬겨야 했다. 꺾인 허리의 주인공 야곱은 파라오를 축복했고(창 47:10), 외국에서 떠밀려왔던 노예 소년 요셉은 파라오에게 지혜를 주었다(창 41:25). 이집트는 하나님의 통치를 맛보게 되었다. 진정한 이테루란 무엇이며 누구에게 나오는지 알 길이 열렸다. 나일의 진짜 소유주가 누구인지에 대한 진위(眞僞)가 드러나 전파되었다.

그럼에도, 이집트는 여전했다. 생명보다 죽음을 사랑했다. 아니 죽음에 더 익숙했다. 그들은 하던 대로 했다. 이테루를 자신의 휘하에 두었던 노력처럼, 하나님의 생명력에 대해서도 태도는 크게 변한 것이 없었다.

'죽음 VS 생명' × 7

역사는 사실의 기록이라기보다는, 사실에 대한 관점의 기록이다. 어찌 보면, 해석이다. 출애굽기의 앞부분이 이집트 역사와 다른 점은 역사를 보여주는 '관점'이다. 이집트와 이스라엘 사이의 관계 역시 하나님의 관점이 반영되어있었다. 한마디로 '죽음'과 '생명'을 대조했다.

출애굽기를 펼치자마자 등장한다. 야곱의 위골된 허리(죽음)와 거기서 나온 70인(생명)을 대조하는 역사 요약으로 시작한다(출 1:5).

흥미로운 점은, 출애굽기의 서론은 계속해서 이 대조를 6번 더 보여주고 있다는 것이다. 참된 생명력을 뜻하는 히브리인의 숫자 7에 의도적으로 맞추기라도 한 것 같다.

그 점진적인 대조를 요약하자면 이렇다.

1. 야곱의 허리(죽음) VS 70인(생명) 출 1:5

2. 이전 세대(죽음) VS 매우 번성한 이스라엘(생명) 출 1:6,7

3. 학대(죽음) VS 더욱 번성(생명) 출 1:8-12

4. 왕명(죽음) VS 두 산파(생명) 출 1:16-21

5. 나일강에 던져라(죽음) VS 레위인 부모(생명) 출 1:22-2:10

6. 도망자 모세(죽음) VS 언약자 하나님(생명) 출 2:11-25

7. 양치기 모세(죽음) VS 하나님의 임재(생명) 출 3:1-4:17

1. 야곱의 허리에서 나온 70인

야곱의 허리(야레크)는 얍복 강가, 하나님 앞에서 위골되었다. 죽음을 맞았다. 자신의 형 에서와 축복권을 경쟁하던 야곱이었다. 집에서 도망 나와 어떻게든 죽음의 세계를 스스로 헤쳐나가보려는 모든 시도를 보여준 직후였다.

자신의 목숨을 내놓은 얍복 강가의 씨름 역시 야곱의 생명을 건 기도, 살리는 기도였다. 야곱의 모든 노력이 수포로 돌아간 것을 상징이라도 하듯 그의 야레크가 끝났다. 그리고 하나님은 거기서 생명을 내셨다. 아브라함과 이삭의 하나님께서, 자신의 약속을 이어가셨다. 이집트의 죽음을 생명으로 뒤집는 사람들을 야곱의 꺾인 야레크에서 탄생시켜주셨다. 죽음을 생명으로 바꾸셨다.

2. 선조가 모두 죽은 후 매우 번성한 이스라엘

야곱의 허리와 대조되는 생명, 70인을 보여주었던 출애굽기는 이어 두 번째 대조를 펼친다. 먼저, 진정한 생명력이 무엇인지 보여주었던 사람들이 다 죽었음을 보여주고 있다. "요셉과 그의 모든 형제와 그 시대의 사람은 다 죽었고"(출 1:6). 직접적인 죽음 언급이다. 그러나 바로 한 구절 뒤에서 그 죽음을 뒤집는다. 죽음은 죽음으로 끝이 아니었다. 거기서 하나님은 다시 한번, 더욱 풍성한 생명을 내셨다. 이를 표현하는 단어 하나하나에 생명력이 가득하다.

"생육하고 불어나 번성하고 매우 강하여 온 땅에 가득하게 되었더라"(출 1:7).

하나님이 죽음을 생명으로 바꾸셨다.

3. 적극적인 학대 가운데서도 더욱 번성한 생명력

세 번째 대조는 이렇게 시작된다. "요셉을 알지 못하는 새 왕이 일어나…"(출 1:8). 맥락을 따라가자면, 하나님의 죽음과 생명을 알지 못하는 "새 왕"의 등장이다.

같은 시기의 이집트 왕조를 검색해보면 그가 누구였는지 누구나 알 수 있다(스마트폰이 있어서 얼마나 좋은지!). 동시대 이집트 역사를 살펴보면 제18왕조를 열었던 '아흐모세 1세'가 그에 해당한다. 당시 이집트는 중대 전환점을 맞았다. 오랜 시간 이집트를 이끌던 힉소스 왕조를 무력으로 내쫓고 새 왕조를 일으켰다.

그 "새 왕"은 통치의 정당성이 어떤 선조보다 더 필요했던 정세를 만났다. 이미 힉소스 왕조를 따르던 이집트 백성들이 수백 년째 살고 있었다. 왕이 된 자신도 쿠데타를 만나지 말란 법이 없었다. 통치 명분이 필요했다. 아흐모세 1세는 이를 위해 히브리인들을 이용했다.

이집트 역사에 비추어, "새 왕"의 명분을 그의 목소리로 들어보자면 아마도 이랬을 것이었다.

"친애하는 이집트 백성이여. 히브리인들이 바로 내부의 적입니다. 원래 이집트는 이집트인들의 것이었습니다. 그런데 일찍이 저 북방 오랑캐 힉소스인들이 이집트를 침공했습니다. 우리는 누가 이집트의 주인인지 잊고 살았습니다. 이제 겨우 주권을 회복한 셈이지만 너무 오랜 역사라 다들 잊고 계십니다. 큰일 났습니다. 아흐모세 1세가 왕이냐 아니냐 궁금해할 때가 아닙니다. 지금 당장 우리 안에 친힉소스파가 존재합니다. 400년 전부터 이 땅에 침투해서 이제 이집트의 온갖 요직을 다 차지하고 있는 저 히브리인들을 보십시오. 저들은 이집트인들이 아닙니다. 그들은 공공의 적입니다. 이집트는 이집트인들의 것입니다. 우리의 혈통이 아닌 저 히브리인들, 힉소스인들과 피부색이나 고대의 출생지가 같은 저 인간들을 다 내쫓아야 합니다!"

이런 맥락 읽기는 "요셉을 알지 못하는 새 왕이 일어나 애굽을 다스리더니"라는 성경 표현에서도 엿보인다(출 1:8).

이 짧은 표현 안에 많은 것이 들어있다. 우선 이집트와 이스라엘 사이의 과거 400년 역사가 들어있다. 그리고 앞으로 진행될 출애굽 역사의 전조와 방향성도 있다. 게다가 이것을 오늘날 우리 인생으로 가져오자면 각자의 상황에 걸맞은 적용점들조차 숨어있다. 여기서는 아쉽지만 이집트와 이스라엘 사이의 400년 역사에 대해서만 이야기하겠다.

우선 이집트를 통일한 왕이 그 역사를 모를 리가 없었다. 그렇다면 아흐모세 1세는 요셉을 몰랐던 것이 아니라 몰라야만 했던 어떤 일이 있었을 것이다. 왜 그랬는지는 당시 이집트 정세를 살펴보면 알 수 있다. 아흐모세 1세의 권력은 통일 전쟁 후 세운 정권이라 불안했다. 언제 누가 다시 싸움을 일으킬지 모르는 상황이었다. 그는 힘을 규합할 공공의 적이 필요했다. 싸움의 방향을 한곳에 집중하여 함께한다면 싸우는 동안이라도 사람들은 자신의 말대로 움직여줄 것이었다. 그렇게만 된다면 자신의 왕권은 견고할 것이었다.

당시 공공의 적으로 내세우기 위해 히브리인들보다 더 적합한 그룹은 없었다. 그들은 나일 문명의 기본을 이루는 이테루 철학에서 가장 거리가 먼 집단이었다. 게다가 파라오들이 신봉하는 나일을 섬기지도 않았다. 나일강의 범람 때마다 각종 신에게 올리는 제사도 등한시했다. 더군다나 딱히 책잡을 것이 없어서 더 불편했다. 아흐모세 1세의 집권 직전과 직후, 그들이 어떤 역할을 했는지는 몰라도 상관없다. 그들은 이미 진짜 생명력을 가지고 세계를 구한 전적이 있는 사람들이었다.

이집트에 살지만 이집트 문화에 이질적이고, 능력은 탁월하지만 딱히 권력의 핵심으로 등장하지는 않았던 종족, 히브리인들. "새 왕"은 그들을 정치적 목적하에 모두의 적으로 내몰기 위한 작전을 펼쳤다. 그들을 적극적으로 학대하기 시작했다(출 1:8-11).

그러나 이어지는 성경 구절에서 이 죽음은 또 역전되었다. 이번에는 아예 '그러나'라는 접속부사를 써서 대놓고 대조했다.

"그러나 학대를 받을수록 더욱 번성하여 퍼져나가니…"(출 1:12).

'밟으면 꿈틀' 수준이 아니었다. 죽음의 그림자는 물러갔다. 하나님의 백성들은 학대를 받으면서도 더욱 부흥했다.

4. 죽이라는 왕명을 어기고 아기들을 살린 두 산파

이어 네 번째 대조는 왕령으로 시작한다. 히브리인들이 아들을 낳을 경우 죽이라는 명령이 떨어졌다(출 1:16). 앞서 히브리 사람들은 왕의 정치적 박해 가운데서도 더 부흥했다. 그저 견뎌내었던 수준이 아니었다.

파라오는 그들을 이해할 수 없었을 것이다. 아마도 '대체 어떤 생명력이길래 극심한 환경에도 더 번성할 수 있단 말인가!'라고 생각했을 것이었다. 그 앞에 왕은 자신의 정치적 전략을 더욱 적극적으로 펼쳤다. 나무를 베기 힘들다면 새싹이라도 뽑아내면 될 일이었다.

왕은 이제 히브리인들의 아기들을 죽이기로 했다. 아무리 짓눌러도 오히려 더 강해지는 생명력이니, 이번에는 힘없는 갓난아기 때부터 싹을 없애버리려는 계획을 세웠다.

역사에 등장하는 정치적 전략들을 들여다보면 처음부터 극단적인 것은 없었다. 이때의 파라오도 그랬다. 처음에는 히브리인들의 싹을 제거하는 일을 드러내놓고 진행할 수 없었다. 그 당시 나일강에 인신 제사를 드리던 이집트인들이 있긴 했다. 하지만 아기들을 죽이라는 왕명이 한 번에 통할 정도로 튼튼한 왕좌에 앉아있던 파라오는 아니었다. 조심스러웠다. 그래서 산파들에게 명령했다. 정치 권력의 변방에 있는 무명의 사람들에게.

생명을 빼앗으려는 죽음의 그림자는 비겁했다. 새 왕은 무조건 산파들보다는 강했다. 이번에야말로 죽음을 피할 길은 없어 보였다. 야곱의 꺾인 허리에서 역전된 생명력, 세계사를 다시 쓰며 대흉년을 이겨낸 선조들의 죽음을 뒤집고 이집트를 장악한 대부흥, 그리고 거국적인 정치 박해 속에서도 전혀 흔들림 없이 오히려 더욱 번성했던 히브리인들에게 죽음의 그림자가 덮였다. 이번에는 정말 끝나는 것 같았다.

하지만 하나님의 생명력 앞에 어떤 죽음이든 별것 아니었다. 아무리 어두워도 빛이 들어오면 바로 역전된다. 생명은 죽음을 또 한 번 굴복시켰다. 하나님이 하셨다. 심지어, 죽음을 스스로 이길 수 없는 그 산파들을 역이용하셨다.

음악을 모르는 어린아이의 손에 붙들린 파가니니 바이올린은 장난감에 지나지 않는다. 그러나 파가니니의 손에 붙들린 싸구려 악기는 명품이 된다. 그 산파들은 하나님의 손에서 명품이 되었다. 왕 앞의 두 여자가 하나님께 붙들리자 왕명도 이기는 존재가 되었다.

그들은 왕명대로 하지 않았다. 하나님을 더 두려워했기 때문이었다(출 1:17). 죽음보다 생명을 더 무서워했던 힘없는 이들에 의해 죽음의 비겁한 작전이 파괴되었다. 그리고 히브리인들의 생명력은 여기서 한층 더 강해졌다. "하나님이 그 산파들에게 은혜를 베푸시니 그 백성은 번성하고 매우 강해지니라"(출 1:20).

파라오가 죽음의 도구로 선발한 두 산파를 하나님이 은혜의 도구로 바꾸셨다. 히브리인들을 엄습했던 피할 수 없던 죽음은 자취를 감추었다. 그 자리를 다시 한번 거대한 생명의 부흥이 차지했다.

5. 죽음의 나일강 앞에 선 레위인 부모

다섯 번째 대조 장면도 왕명으로 시작된다. 더욱 적극적인 죽음의 선포가 이어졌다. 왕도 한층 더 강하게 나왔다. 몰래 진행하려던 작전이 실패하자 대놓고 모든 백성에게 히브리인 아들이 태어나거든 나일강에 던지라고 명령했다.

여기서 당시 이집트 신화 체계를 조금 더 들여다봐야 한다. 그들에게 나일강이 태양신의 강림 도로였다는 것은 앞서 말했다. 여기에 하나 더 짚고 넘어가야 하는 부분이 있다. 그 도로를 관리하는 하위 신들이 있었다. 그중 하나가 바알신이었다.

왜 바알신을 이야기해야 하냐면, 이 우상에게 이집트인들과 가나안 지역 사람들은 인신 제사를 드렸기 때문이다. 이집트는 건기와 우기가 뚜렷했고, 나일은 시계처럼 정확한 기간에 범람했다. 물 빠진 자리에 기계처럼 같은 시간, 같은 방법으로 농사를 지어 추수하고 빠졌다. 그 시즌마다 사람들은 태양의 후예들인 파라오들에게 제물을 바쳤고, 나일 강변에서는 풍요를 비는 제사가 바알에게 올려졌다.

바알은 풍요의 신이었다. 그는 늘 대가를 원했다. 더 큰 풍요를 기원하려면 더 큰 희생을 바쳐야 했다. 나일 강변의 풍요를 따라 욕구도 함께 자랐다. 이는 매번 더 큰 희생 제사로 발전해 급기야 자식들을 나일에 바치는 의식에까지 이르렀다.

사람들이 생각한 가장 가치 있는 것은 생명이었다. 그것도 제 자식의 생명. 미신은 이집트인들의 욕구와 함께 자랐다.

그리고 아기들을 나일에 던져넣는 죽음 의식에 이르렀다. 이는 우상들과 귀신들의 공통점이기도 했다. 그들은 죽음을 바랐다.

이 미신적 행위는, 새 왕이 등장하기 직전, 불안했던 정세를 타고 활개 쳤다. 파라오는 명민했다. 미신마저 자신의 정치 목적을 위해 이용할 줄 알았다. 공공의 적을 만들어 그들을 죽이는 일과 나일에 인신 제물을 바치는 일을 동시에 충족시키는 방법을 만들어냈다. 태양의 아들, 파라오가 말했다.

"아들이 태어나거든 그를 나일강에 던져넣으라!"

죽음은 한층 더 강한 세력이 되어 역공했고, 이에 생명력도 가만히 있지 않았다. 생명은 먼저 레위 가족 부부를 등장시켰다(출 2:1). 나중 이야기이지만, 그 레위 부부 가족 때문에 오히려 이집트 전체가 죽을 위기에 놓이게 된다. 이야기는 이렇다.

그들에게 아들이 태어났다. 탄생과 동시에 죽을 목숨이었다. 이러나저러나 죽을 상황이었다. 왕명을 따른다면 아이가 죽고, 어겨도 그것 때문에 죽을 일이었다. 양쪽 다 살 길이 없어 보였다. 심지어 왕명 이행은 나일강 인신 제사 동참을 뜻했다. 부모의 신앙도 아이와 함께 죽을 일이었다. 아이는 이름도 없이 3개월을 숨어지냈다(출 2:2).

승리는커녕 퇴로도 없어 보이는 이 죽음의 공격 앞에 섰던 사람들. 거기서 레위인 부부는 놀라지 않았다. 죽음보다 생명에 더 집중했다. 성경은 이렇게 말한다. "그가 잘생긴 것을 보고 석 달 동안 그를 숨겼다"(출 2:2).

원문에 의하면 '잘생긴 것'은 '토브'(טוֹב)인데, 이는 창세기 1장에서 하나님의 관점을 표현했던 것과 같은 말이다. 창조주께서 세상에 생명력을 주시며 6일 동안 창조하실 때, 매번 "보시기에 좋았더라"(창 1:4, 10, 12, 18, 21, 25, 31)고 말씀하시는 부분이 정확히 '토브'다. 그러니까 레위인 부모는 퇴로도 없는 죽음의 공격조차 창조주의 눈으로 봤다는 뜻이다.

믿음은 관점이다. 여기서 죽음을 생명으로 바꾸는 지혜가 나왔다.

아이를 더 이상 숨길 수 없게 되자, 레위인 부모는 다섯 가지 지혜를 발휘했다(출 2:2-10).

첫째, 아이를 석 달 동안 숨겼다.

각각의 순간마다 하나님께서 역사하셨다. 숨어지내던 그 3개월은 기도의 기간이자, 죽음을 생명으로 바꾸기 위한 소망의 순간이었을 것이다.

둘째, 갈대 상자에 아이를 담아 나일 강가 갈대 사이에 두었다.

왕명은 "나일강에 던져라"였다. 그들은 결국 왕명대로 했다. 그러나 동시에 왕명을 어겼다. 갈대 상자에 담아 나일 강가 갈대 사이에 두었다(출 2:3). 카무플라주(camouflage), 즉 위장이다. 이런 식으로 잘 안 보이게 한 이유는 다음 내용에서 더 짐작이 간다.

셋째, 바로의 딸이 목욕하러 나오는 곳에 두었다.

"바로의 딸"(출 2:5). 이 부분은 더욱 흥미진진하다. 당시의 파라오에게는 정실부인 사이에 무남독녀가 있었다. 그녀의 이름은 '하트셉수트'(B.C. 1508~B.C. 1458)이다. 이집트의 역사를 보면, 그녀는 '새 왕'의 히브리인 박해를 반대했다. 그녀의 이복동생이자 남편이었던 투트모세 2세도, 의붓아들 투트모세 3세도 모두 파라오였다. 그리고 나중에는 그녀가 직접 파라오의 자리에 올라 섭정했다.

넷째, 모세의 누이가 대기 중이었다.

이것을 우연으로 보기에는 앞뒤 정황이 지나치게 교묘하며 묘사가 자세하고, 서로 연결되어있다. 고대 이집트는 왕가의 권력자마다 나일 강변에 개인 목욕탕 위치가 따로 있었다. 어느 강변에서 누가 목욕하는지가 정해져있었다.

당시 왕가의 목욕 문화를 떠올리며 다시 3절을 보자. 아

들을 살리려 했던 레위인 가족은 하필 히브리인 박해를 반대
하는 하트셉수트 공주 목욕탕에, 그것도 관심 있는 사람 눈
에만 발견되도록 카무플라주 효과까지 넣어서, 왕명을 지키
는 것도 안 지키는 것도 아닌 상황을 만들어냈다. 이 정황을
보라. 모세의 누이가 뒤에 대기 중인 것은 다음 작전이 있다
는 뜻이었다(출 2:4).

　다섯째, 유모의 일을 허락받아 했다.
　아나나 다를까 그 공주만 갈대 상자를 발견했다(출 2:5).
그리고 평소 관심사를 잘 보여주는 말을 했다. "히브리 사람
의 아기로다"(출 2:6). 3개월간 레위 가족의 기도와 소망이 한
치의 오차도 없이 계획대로 진행 중이었다. 이어 숨어 대기 중
이던 누이가 등장했다. 그리고 외쳤다.
　"그의 누이가 바로의 딸에게 이르되 내가 가서 당신을 위
하여 히브리 여인 중에서 유모를 불러다가 이 아기에게 젖을
먹이게 하리이까"(출 2:7).
　갈대 상자에 든 아기를 발견하자마자 등장한 유모 제안
이었다. 너무 의심스러운 등장 아닌가? 죽이라는 왕명을 어
기는 히브리인 가족의 꼼수가 확실하지 않은가?
　이 상황 역시 정교하다. 만약 그 공주가 '새 왕'의 정견을 그
대로 가지고 있었다면 모세의 누이는 더 숨어있어야 했을 것

이다. 성경 속 그 공주는 이집트 역사를 봐도, 출애굽기의 정황을 봐도 '새 왕'과 결을 달리했던 하트셉수트였을 것이다.

레위 가족은 3개월간 기도하며 소망 가운데 지혜를 짜냈을 것이다. 하나님께서 이를 선용해주셨다(잠 16:9). 거대한 죽음은 다시 한번 생명으로 역전되었다.

6. 타국에서 나그네가 된 모세와 언약의 하나님

건짐 받은 자, 이집트의 왕자였던 히브리인 아이는 이제 나이 40이 되었다. 그는 중년이 될 때까지 이도 저도 아니었다. 죽음을 이긴 생명력치고는 찌질하기 그지없었다. 모세는 자신의 탄생 비화와 하나님의 역사를 잘 아는 사람이었다. 레위인 부모를 통해 신앙 교육도, 또 한편에서는 이집트의 왕가 교육도 받았을 것이었다. 그럼에도 여전한 철부지였다. 그는 이집트 왕이 되지도, 히브리인들의 지도자가 되지도 못했다. 일을 이뤄가는 지혜는 없고 단지 혈기만 넘쳤다.

히브리인 형제들의 고된 노동을 보다가 열 받아서 이집트인 하나를 때려죽여 감췄다(출 2:11,12). 이것은 왕자로서도 이스라엘 리더십으로서도 해서는 안 될 일이었다. 이 사건 직후 그는 차든지 덥든지 둘 중 하나를 선택하기보다는 어중간한 찐따의 길로 가버렸다. 두려워하며 도망가버렸다(출 2:13-15). 이집트에서 당시 이동 경로로 약 900킬로미터가량

떨어져 있는 미디안 광야까지 숨어들었다. 죽음의 그림자가 드리워진 모세였다.

그러나 하나님은 다시 생명의 빛을 주셨다. 이도 저도 아닌 찐따 중년을 보여준 직후 성경은 하나님의 약속을 대조적으로 이렇게 보여주고 있다.

하나님이 그들의 고통 소리를 들으시고 하나님이 아브라함과 이삭과 야곱에게 세운 그의 언약을 기억하사 하나님이 이스라엘 자손을 돌보셨고 하나님이 그들을 기억하셨더라 출 2:24,25

7. 숨어 사는 양치기 노인에게 임한 하나님의 소명

이제 모세는 80세가 되었다. 처음부터 죽음의 그림자 짙었던 인생이 노년을 맞았다. 뒤돌아보면 허무하기 그지없었던 세월이었다. 자기 재산이 전혀 없이 장인의 양 떼만 있었다는 사실을 보면 짐작할 수 있다(출 3:1). 미디안 광야까지 도망갔던 중년의 일생이 사그라들고 있었다. 업적이 아무것도 없었다. 그저 처가살이하며 장인의 양 떼 돌보았던 것이 전부였다. 자그마치 40년이었다. 그 사이에도 이집트 전역에서 죽음의 그림자는 더욱 짙어갔다.

처가살이하던 노인 모세는 장인의 양 떼를 먹이느라 호렙산에 이르렀다. 그때 모세의 눈앞에 믿을 수 없는 광경이 펼쳐졌다. 떨기나무에 불이 붙었는데 나무가 사라지지 않았다. 그 불붙은 나무 앞에서 하나님을 만났다. 그리고 죽음의 인생에 소명의 빛이 찾아왔다(출 3:2-10).

모세가 광야에서 드렸던 살리는 기도 이야기를 하려고 출애굽기를 펼쳤다. 그랬더니 창조주의 생명력이 어떻게 세상의 죽음을 물리쳤는지 7번 연속 등장하고 있었다. 이야기가 길어졌다. 이제 본격적으로 모세의 기도를 살펴볼 차례다.

살리는
기도
시작하기

Part 2

살리는 기도자가
되고 싶다면

•
이 사람 모세는 온유함이 지면의 모든 사람보다 더하더라
민 12:3

출애굽 직후 100일 ———

하나님께서 구원 역사를 진행 중이셨다. 창조주께서 직접 80세 노인 모세를 다시 이집트로 보내셨다. 이집트의 파라오는 10개의 재앙으로 몸살을 겪은 후에야 히브리인들을 모두 내보내는 것을 인정했다. 이제 400년간 노예로 살던 이스라엘 백성들 앞에 이전과 다른 삶이 펼쳐졌다. 이들은 자신들의 남다른 정체성을 확인하기 시작했다. 그들을 가로막을 것은 아무것도 없었다. 심지어 죽음도.

아기 모세를 숨겼던 기간은 3개월이었다(출 2:2). 출애굽 직후 이스라엘 백성들도 약 3개월간 죽음을 피해 계속 숨어 다녔다. 아기 모세에게 레위 부모의 하나님이 있었다면, 광야

생존 중이던 이스라엘에게는 모세와 그의 하나님이 있었다. 그는 자신을 살리신 하나님과 동행하며, 민족을 기도로 계속 살렸다. 다음은 출애굽 직후에 이스라엘 백성에게 닥친 세 번의 죽다 산 이야기다.

홍해를 가르고 죽다 살았다

고대 이집트를 굴복시킨 사람들이 여정에 올랐다. 죽음을 굴복시킨 하나님이 그들과 함께하셨다. 무서울 것 없는 출발 같았다. 그런 승리자들의 뒤를 죽음의 그림자가 다시 따라왔다. 유월절 경험 직후였다. 이집트를 떠나자마자 홍해에 가로막혔다. 뒤로는 파라오의 정예부대가 죽이려고 뒤쫓았다(출 14:6,7).

이스라엘은 이미 살리시는 하나님을 뜨겁게 경험했다. 죽음이 추격하니 이번에도 생명의 하나님을 찾으면 될 일이었다. 그러나 조금 전 구원하셨던 하나님께 살려달라고 하기는커녕, 원망을 선택했다(출 14:11). 이집트 전역을 뒤덮었던 10개의 재앙을 보며 하나님이 누구신지 목격한 직후였다. 구원하시는 하나님의 능력을 불과 얼마 전에 체험한 사람들이 원망을 선택하다니, 의외였다.

그런 원망 앞에 하나님은 모세를 내세우셨다. 그의 기도를 통해 살리셨다. 이번에도 죽음을 능가하는 능력이었다(출

14:21). 출애굽 백성들은 이집트에서보다 큰 증거를 얻었다. 바다가 갈라지고 어떤 죽음으로도 거스를 수 없는 능력의 소유자가 그들과 함께 계셨다. 이집트에서처럼 또 한 번 죽다 살았다.

쓴물을 가르고 죽다 살았다

홍해를 건넌 직후 이번에는 물이 부족했다(출 15:22). 그들은 물을 찾아봤다. 할 수 있는 일을 다 해봤다. 그러나 허사였다. 본인들이 직접 찾은 물은 먹을 수 없는, 죽은 물뿐이었다(출 15:23). 이제 하나님께 살려달라고 할 차례가 왔다. 다시 구원의 하나님을 찾을 기회였다. 그러나 그들은 여전했다. 이번에도 불평과 원망을 선택했다. 유일한 소망의 길을 외면했다. 죽음을 생명으로 역전시키시는 하나님을 멀리했다. 무시했다. 신뢰치 않았다. 파라오만큼이나 이스라엘도 목이 곧았다.

이들과 하나님 사이에 모세가 섰다. 기도자가 이들을 참았다. 놔두면 죽을 텐데, 살려달라고 기도했다. 하나님은 모세의 기도를 통해 그들을 또 한 번 살리셨다(출 15:24-26). 또 한 번 죽다 살았다.

이스라엘은 광야로 들어갔다. 의지할 데가 하나님 외에 전혀 없는 장소였다. 거기서도 백성들은 계속 살아났다. 죽음을 만날 때마다 구원하시는 하나님을 연속 경험했다. 예외가 없었다. 그럼에도 불구하고 목이 곧은 백성은 하나님을 찾는 대신 불평을 고집했다. 물을 다시 얻은 후, 이번에는 고기가 먹고 싶다고 불평했다(출 16:2,3). 불평은 기도가 아니었다. 불신, 혹은 불순종에 더 가까웠다. 그러나 하나님은 모세를 통해 이를 기도로 받으셨다. 양식이 비처럼 내렸다(출 16:4). 이스라엘은 또다시 죽다 살았다.

스트라이크도 세 번이면 타자 아웃이다. 이쯤 되면 이스라엘도 깨달아야 했다. 하나님을 선택하는 것이 불평보다 모든 면에서 나았다. 그러나 사람들은 끝까지 하나님을 싫어했다. 구원을 거부했다. 원망하는 태도로 불신을 고집했다. 또다시 물을 달라는 내용으로 모세와 싸웠고 하나님을 원망했다(출 17:2,3).

모세 역시 물러서지 않았다. 이번에도 그는 참았다. 기도했다. 그리고 모두를 살렸다.

살리는 기도자 훈련 5단계

하나님의 백성들이 하나님보다 불평을 더 따랐다. 광야에서 유일한 살 길, 하나님을 유독 멀리했다. 그 중심에 섰던 모세는 난처했다. 살리시는 하나님과 죽음을 불평하는 사람들 사이를 오가며 마음고생이 많았다.

모세는 거기서 기도자로 바뀌기 시작했다. 80년을 죽음의 그림자에 쫓겨 살던 도망자 노인이 살리는 기도 훈련을 받게 되었다. 그 과정은 5단계를 거쳤다.

1단계, 부르심

첫 번째 단계는 하나님의 말씀 앞에 서는 것이었다.

불붙은 떨기나무 아래에서 하나님이 모세에게 소명을 주셨다. "이제 내가 너를 바로에게 보내어 너에게 내 백성 이스라엘 자손을 애굽에서 인도하여 내게 하리라"(출 3:10).

처음에 모세는 이 소명에 응하지 않았다. 순종은커녕 의심과 완곡한 거절로 가득했다. "내가 누구이기에 바로에게 가며 이스라엘 자손을 애굽에서 인도하여 내리이까"(출 3:11). "그러나 그들이 나를 믿지 아니하며 내 말을 듣지 아니하고 이르기를 여호와께서 네게 나타나지 아니하셨다 하리이다"(출 4:1).

하나님이 직접 부르셨다. 그럼에도 모세는 그분을 믿지 않았다. 근거는 자신의 실력이 출애굽 구원의 일에 걸맞지 않다는 것이었다. 모세 역시 처음에는 하나님보다 자기 자신의 초라한 현실에 더 집중했다. 불신이나 다름없었다. 급기야 하나님께서는 자세한 설명과 더불어 거절할 수 없는 확실한 능력마저 주셨다(출 3:5-4:9).

그럼에도 모세 역시 뜻을 굽히지 않았다. "오 주여 나는 본래 말을 잘하지 못하는 자니이다 주께서 주의 종에게 명령하신 후에도 역시 그러하니 나는 입이 뻣뻣하고 혀가 둔한 자니이다 … 오 주여 보낼 만한 자를 보내소서"(출 4:10-13). 하나님의 명령이고 뭐고 자신은 못 하겠다는 고집이었다. 전혀 하나님의 일을 할 만한 사람으로 보이지 않았다. 그야말로 구제 불능이었다.

살리는 기도자는 이렇게 시작되었다. 지나치게 불완전하고 초라하며 수동적이다. 그의 마음은 불신으로 가득하다. 게다가 고집스럽다. 목이 곧다.

2단계, 동행

두 번째 단계는 부르신 분과 함께 있는 것이다.

모세는 80년간 도망자 신세였다. 그런 인생에 만족을 느끼며 좋아했을 리 없다. 죽지 못해 살아왔던 인생이었다. 그런 모세에게 기회가 왔다. 하나님이 열어주시는 새 길로 가는 길이 열렸다. 그저 "예"라고 대답하면 될 일이었다. 그럼에도 이도 저도 아닌 삶을 살았던 것이 더 익숙했다.

이때의 모세는 우리와 닮았다. 새 생명으로 나가는 것보다는 익숙한 것을 택했다. 불편하고 의미 없으며 죽어가는 인생일지언정 해오던 대로 해나가는 것을 더 좋아한다. 순종보다 불순종을, 능력보다 무능력을, 소명의 길보다는 이를 피하는 쪽을 선택한다. 소망 없는 인생이다.

다행히도 부르신 분이 책임지신다. 하나님의 동행이 지속되면 소명자가 만들어진다. 하나님이 소망 없던 모세와 동행하셨다. 적시 적소에 필요한 사람을 보내셨고, 파라오 앞에서도 이집트 전역에서도 능력과 이적으로 함께하셨다(출 5-13장).

만년설 녹은 물이 흘러내리면 저지대의 물도 차고 맑아진다. 하나님의 동행으로 모세는 서서히 바뀌었다. 구원하시는 하나님을 지속적으로 경험하면서 80년 인생에 대한 관점도 재정렬되었다. 소명을 주신 분이 어떤 분이신지를 체험하자 생각과 태도를 바꾸게 되었다.

3단계, 공동체

세 번째 단계는 공동체성이다. 하나님이 맡기신 사람들과의 동질감을 배우는 단계다.

모두가 죽지 못해 살던 시대에 다크호스가 등장했다. 나일 문명도 이기고, 이집트 왕조도 굴복시킨 인물이 나타났다. 전무후무한 리더십이 역사의 수면 위로 떠올랐다. 나중에 광야에서 이스라엘 백성들의 숫자를 세는 장면이 나오는데 장정만 60만 명이었다. 여성과 아이, 노인을 포함한 전체의 숫자를 생각해보자면 최소 200만 명이 훌쩍 넘는 팔로워를 이끌고 나선 모세였다.

인생마다 전환점이 있다. 모세의 경우 하나님을 만났을 때가 그랬다. 80년 인생을 역전시킨 만남이었다. 이집트를 무너뜨린 능력이었다. 홍해를 가르고, 군대를 수장시키고, 반석에서는 물을, 하늘에서는 음식을 비처럼 내리게 했던 생명력이었다. 이는 모세에게 머물러 있지 않았다. 차올라 흘러넘쳤다.

깊은 우물 하나 파서 간신히 물 한 바가지 끌어올리던 광야였다. 죽다 산 인생들이 죽을 곳으로 들어갔다. 목숨을 걸고 그들은 하나가 되었다.

광야에 선 하나님의 사람 모세가 이스라엘을 자신과 동일시했다. 그들은 처음의 모세만큼이나 하나님을 믿지 않았다. 그들은 당시의 파라오만큼이나 목이 곧은 자들이었다. 그러나 그들을 이끄는 리더 모세는 이미 하나님을 먼저 만나 통과했던 인물이었다. 이제는 도망자 신세도 아니고, 역전된 생명력으로 세상을 뒤집어엎는 능력자가 되어 사람들 앞에 섰다. 남다른 생명력의 소유자가 이스라엘과 삶과 죽음의 공동의식을 가졌다. 너의 죽음이 나의 죽음이 되었다. 네가 살아야 나도 살았다.

4단계, 인내

네 번째 단계는 공동체를 참고 견디는 단계이다.

불평을 듣는 것은 고통스러웠다. 10개의 재앙도, 갈라진 홍해도, 구름기둥과 불기둥도 아무 소용 없었다. 공동체가 하나님을 믿지 않았다. 그분을 따르기는커녕 알려는 시도도 없었다. 그저 자기 목숨 부지할 생각에 급급했다. 거대한 생명력을 목도한 모세는, 그 큰 생명력보다 자신의 결핍을 더 크게 보는 사람들 때문에 괴로웠다. 모세의 소원은 날로 커갔다. "저녁이 되면 너희가 여호와께서 너희를 애굽 땅에서 인도하여 내셨음을 알 것이요"(출 16:6). 사람들이 하나님이 누구신지를 제대로 알았으면 싶었다. 그러나 이 소원은 이뤄지지 않았다.

사람들은 매번 하나님을 불평했다. 구원자를 멀리했다. 모세는 마음이 상했다. "소망이 더디 이루어지면 그것이 마음을 상하게 하거니와 소원이 이루어지는 것은 곧 생명 나무니라"(잠 13:12). 상한 만큼 더 간절해졌다. 이끌고 있는 사람들이 하나님을 더 알게 되기를 자기 목숨을 걸고 바랐다. 사람들이 불평한다고 이제 와서 그들을 나 몰라라 할 수 없었다. 참고 또 참았다. 그 과정에서 모세는 더욱 바뀌었다. 인내는 살리는 기도자를 만드는 훈련 과정이 되었다.

5단계, 온유

마지막 단계는 새로운 성품이 마음에 자리 잡는 단계이다.

살리는 일을 하는 구조대원들이 있다. 그들은 불에도, 물에도 뛰어들어야 한다. 살려야 하는 혹독한 상황을 마다않고 달려드는 사람들은 남다르다. 살려야 하는 사람들에게로 나가려면 자기 목숨도 위협받는다. 그럼에도 이를 마다하지 않고 살리러 들어간다. 남다른 소명의식이 그들의 공통점이다.

살리는 기도를 하는 사람들도 이와 비슷하다. 그들에게도 남다른 마음이 있다. 자신의 생존을 뛰어넘어 누군가를 구하려는 태도가 있다. 그중 대표적인 성품이 바로 '온유함'이다. 모세는 하나님과 사람 사이에 서서 인내를 통과하며 온유한 사람이 되어갔다.

모세는 광야에서 계속 사람들의 불평을 견뎠다. 그는 과거에 이런 식으로 참아본 일이 없었다. 그는 청년기를 이집트의 권력자가 되는 길과 히브리인들의 지도자가 되는 것 사이에서 어중간하게 보냈다. 그러다 욱해서 사람 하나 쳐 죽여 감추고 도망자로 중년을 보냈다. 이후 40년이 또 흘러 노인이 되었다. 그때까지도 여전히 어중간했다. 자기 노선을 분명히 정하지 않았다. 처가살이로 인생을 마무리 중이었다.

그런 모세에게 하나님과의 만남이 이끈 광야생활이었다. 자신을 참고 견디셨던 하나님처럼, 모세도 백성들 앞에 괴롭힘을 반복해서 당하고 있었다.

그 결과 모세는 바뀌었다. 새 성품이 자리했다. 온유해졌다(민 12:3). 히브리어로 모세의 온유함을 살펴보면 더욱 분명하다. 그것은 '아나우'였다. 이 말의 사전적 의미가 '괴롭힘을 당함'이었다.

모세는 광야에서 계속 아나우를 경험했다. 살릴 사람들의 죽을 일들로 괴롭힘을 당했다. 이를 반복해서 참았다. 그러면서 '아나우의 사람', 온유한 사람이 되었다.

부르심, 동행, 공동체, 인내, 온유. 이 다섯 단계의 훈련 과정을 통해 하나님은 모세를 새로 빚으셨다. 광야에서 모세는 더 이상 도망자 중년도, 어중간한 노인도 아니었다. 모세는 백성들을 위해 살려달라고 부르짖는 사람이 되었다. 그는 살리는 기도자였다.

살리는 기도를 위한
다섯 가지 질문

그는 허물과 죄로 죽었던 너희를 살리셨도다
엡 2:1

훈련으로 만들어지는 살리는 기도자 _____

살리는 기도자는 태어나지 않는다. 그는 훈련을 통해 만들어진다. 모세도 그중 하나였다. 그의 일생을 기도 훈련이라는 관점으로 들여다보니 5단계로 정리해볼 수 있었다.

물론, 이 과정을 똑같이 따라 한다고 다 살리는 기도자가 되는 것은 아니다. 왜냐면 우리는 모세가 아니기 때문이다. 저마다의 상황도 그와 다르다. 우리는 고대 이집트의 이테루와 싸우는 것도 아니고, 10개의 재앙이나 구름기둥 불기둥 같은 이적을 경험한 것도 아니다.

다만, 모세의 기도 훈련 5단계의 핵심 내용들이 내 삶에는 어떻게 진행되었는지 살펴보는 것은 가능하다. 만약 이 과정에서 모세와 나의 공통점이 발견된다면 확신을 얻게 될 것이다. 나를 살리는 기도의 길로 이끄시는 하나님을 발견하며 더욱 기도할 수 있을 것이다.

그러니 앞 장에서 정리했던 살리는 기도 훈련의 5단계, '부르심 – 동행 – 공동체 – 인내 – 온유'의 각 단계를 자신에게 적용해보고 다음 질문을 하나씩 스스로에게 던져보자.

1단계 : 부르심

죽음을 뛰어넘을 능력자는 아무도 없다. 그런 존재는 하나님뿐이시다. 사람 살리는 일은 그래서 기도로 가능하다. 아니 기도여야만 한다.

진정한 생명력을 가지신 분, 하나님이 어떤 분이신지 성경에 나온다. 그분은 온 우주를 창조하신 능력자시며, 또한 사랑이시다(창 1:1 ; 요일 4:10). 그 능력과 사랑이 자신의 독생자 예수 그리스도를 보내셔서 죽게 하셨다(요 3:16 ; 롬 5:8). 이것은 일시적이거나 흔들리지 않는다. 확실한 사랑이다. 어떤 것으로도 취소하거나 사라지게 만들 수 없다(롬 8:35).

그 사랑에 목적이 있다. 죄로 죽었던 우리를 살리시기 위함이다(엡 2:1).

1) 죽음을 이기는 생명의 능력자께서,

2) 확실한 사랑을 가지고,

3) 죄 때문에 죽은 우리를 살리려는 목적을 가지고 계신다.

살리는 것이 창조주의 소원이다.

그분을 아는가?

그분을 만났는가?

그분의 말씀을 들었는가?

2단계 : 동행

우리가 동행을 선택하기 전에 하나님이 먼저 죄인들과 함께하셨다(롬 5:10). 그분의 은혜로 우리는 하나님의 소유가 되었다(출 19:4). 그저 그런 소유가 아니다. "특별한 소유"다(시 135:4). 그리스도의 피값 주고 산 그리스도 소속이다(고전 7:22,23). 비유를 들자면, 눈동자같이 보호하시는 보물이자 자녀들이다(시 17:8).

이 특별한 관계를 누구보다 하나님이 가장 원하신다. 그분은 자신을 떠난 죄인들을 되찾아서 함께 있고자 하신다(사 55:7 ; 마 1:23).

산 자가 죽은 자와 함께할 수는 없다. 하나님은 동행하기 전에 먼저 살리신다. 그리고 함께 거하신다. 가장 강한 생명력을 가지신 창조주께서 죄로 죽었던 인생의 심령을 장악하신다(고전 6:19). 그러면서 과거의 죽음으로 돌아가지 않도록 이끄신다. 죄의 종으로 회귀하지 않고 그리스도의 생명으로 사는 다른 인생을 맛보게 하신다(롬 6:6-9).

1) 우리는 하나님의 특별한 소유가 되었는데,

2) 이 관계를 가장 원하시는 하나님이 먼저 우리를 살리셔서

3) 동행하기 원하신다.

동행하는 것이 하나님의 소원이다.

동행하기 원하시는 하나님을 아는가?

그분과 날마다 함께인가?

그 과정에서 그리스도의 생명을 맛보고 있는가?

3단계 : 공동체

예수님도 살리는 기도를 하셨다. 이것을 가장 직접적으로 언급하는 부분은 요한복음 17장의 겟세마네 동산 기도다. 골고다를 오르시기 직전 예수님의 마지막 사역이었다. 기도에 집중하는 일. 그 내용의 핵심은 살리는 기도였다. 여기서 주님은 "내가 비옵는 것은"이라고 세 번 언급하신다(이 내용

은 뒤에 다시 살펴볼 것이다). 셋 다 제자들의 생명을 지키는 내용이었다. 동시에 공동체성을 위해 기도하셨다.

> 내가 비옵는 것은… 그들은 아버지의 것이로소이다 내 것은 다 아버지의 것이요 아버지의 것은 내 것이온데… 우리와 같이 그들도 하나가 되게 하옵소서 요 17:9-11

하나님 아버지와 예수님이 하나 되셨다. 그 중심에 살려야 하는 제자들이 있었다. 그리고 뒤이어 이처럼 제자들도 하나 되게 해달라셨다. 삼위의 하나님은 우리 때문에, 우리는 하나님 때문에 하나가 된다. 공동체를 이룬다.

살리는 능력의 출처가 주님이시다. 그분과 하나가 되는 것이 살리는 기도의 주 내용이다. 주님이 이것을 먼저 보여주셨다. 살리는 기도자들은 먼저 성령 하나님과 동행한다. 여기서 경험한 하나님과 자신 사이의 하나 됨이 다른 사람들에게 전가된다. 성령께서 위하시고 함께하길 원하시는 다른 이들에게 무한한 동질감을 느끼게 된다.

1) 예수님이 제자들을 위해 기도하셨는데,
2) 자신과 하나님의 하나 됨을 말씀하시면서
3) 제자들이 그처럼 서로 하나 될 것을 기도하셨다.

겟세마네 동산 기도 내용을 보라.

제자들이 주님을 중심으로 하나 되는 것이 예수님의 소원이다.

성령의 공동체가 되길 원하시는 주님을 아는가?
그분과 공동체를 이뤘는가?
그분의 사람들과 공동체가 되었는가?

4단계 : 인내

하나님은 노하기를 더디 하시는 분이다(시 145:8). 만약 그분이 참지 않으셨다면 세상은 진작 끝장났을 것이다. 하나님은 우리를 살리시려고 심판을 유보하시며 참고 견디신다(벧후 3:9).

인내하는 것은 외부의 박해에 대한 것뿐만이 아니다. 하나님이 참으시는 사람들이 교회 안팎에 있다. 교회는 서로를 참는다. 문제나 차이점, 혹은 불신앙과 경건치 않음 등을 기도로 견디는 교인들은 하나님의 인내를 간접 경험한다.

인내는 고통스럽다. 그러면 하루도 천년 같다. 그러나 기도로 견디면 천년도 하루 같다(벧후 3:8). 인내를 통과하다 보면 고통이든 아니든 더욱 기도하게 된다. 하나님과 참음을 가지고 대화하다 보면 기도자는 매번 하나님의 마음을 발견한다. 사람들을 향한 하나님의 오래 참으심, 유보된 심판, 놀라운 사랑. 그리고 나 자신 역시 하나님이 참으시는 대상이라는 것도 알게 된다.

   1) 참기 힘든 사람들 때문에 기도하다 보면
   2) 나보다 먼저 그들을 오래 참으시는 하나님을 간접 경험하며
   3) 나 또한 인내의 기도를 지속하게 된다.

보라.
구원받기까지 참고 견디시는 하나님을 보라.

내가 견디기 힘든 사람들이 있는가?
그들을 위해 인내의 기도를 하고 있는가?
결국 그들만큼이나 나를 참고 견디시는 하나님을
경험하고 있는가?

5단계 : 온유

'온유'란 하나님의 말씀 앞에 자기 자신을 부인하는 태도이다. 이를 가장 잘 보여주신 분이 예수님이시다. 주님은 십자가를 지시기까지 온유하게 순종하셨다.
이러한 온유의 반대말을 성경에서 찾으려면 '목이 곧음'이

다(출 33:3). 이것은 자기 뜻을 굽히지 않고 하나님 말씀에 고집스럽게 불순종하는 태도다. 온유함은 후천적이다. 온유는 자기 자신을 하나님 말씀 앞에 끊임없이 굴복시키는 과정을 통해 주어진다. 훈련으로 만들어진다.

모세는 백성들의 불평을 참고 견뎠던 기도자였다. 이 과정에서 그는 땅 위에서 가장 온유한 사람이 되었다(민 12:3). 여기에 온유함을 이루는 훈련 과정의 모습이 있다. 하나님의 사람들을 참고 견디며 기도하는 동안 온유해진다.

모든 크리스천은 하나님의 부르심을 받은 사람들이다. 그들은 동행하기 원하시는 성령 하나님의 임재가 있는 성도들이다. 이런 사람들은 서로 연결되어있으며 서로를 기도로 인내한다. 오래 참는 과정을 통과한다. 그 결과 모세처럼 살리는 기도자의 성품을 얻는다. 온유해진다.

1) 하나님의 사람들을 오래 참으며 기도하는 과정에서

2) 온유함이라는 성품이 갖춰지는데,

3) 이것은 곧 살리는 기도자의 성품이다.

죽기까지 순종하신 예수님의 온유하심을 보라.

인내로 기도를 지속하고 있는가?

그리스도의 온유하신 성품을 닮아가고 있는가?

살리는 기도자의 성품을 기꺼이 훈련받기 원하는가?

예수님의
기도

주의 약속은 어떤 이들이 더디다고 생각하는 것같이 더딘 것이 아니라
오직 주께서는 너희를 대하여 오래 참으사 아무도 멸망하지 아니하고
다 회개하기에 이르기를 원하시느니라
벧후 3:9

아나우 _____

구약 성경이 말하는 온유, '아나우'(עָנָו)란 크게 두 가지 의미를 갖는다. '응답하다'와 '괴롭힘을 당한다'라는 뜻이다. 앞서 살펴봤던 살리는 기도자 모세의 '아나우'가 이 둘 모두를 잘 보여주고 있다. 그는 먼저 자기 부인하며 응답했다. 불붙은 떨기나무 앞에서 응답하는 과정에서 그랬고, 거기 도착하기까지 80년 동안, 이후 광야 여정 40년도 '아나우'를 통과했다.

아나우의 사람 모세는 광야 여정의 끝에 이렇게 선포했다.

"네 하나님 여호와께서 너희 가운데 네 형제 중에서 너를 위하여 나와 같은 선지자 하나를 일으키시리니 너희는 그의 말을 들을지니라"(신 18:15).

여기서 "나와 같은 선지자"란 일차적으로 여호수아를 뜻한다. 동시에 궁극적으로는 예수님을 말한다(히 3:1-3). 그분은 모세와 같은 유형(typology)이셨다. 특히 '아나우'의 두 가지 의미를 함께 보이셨다.

모세보다 뛰어나신 그리스도께서 하나님께 온전히 응답하셨다(막 14:36 ; 히 3:1-6). 죽기까지 복종하셨다(빌 2:8). 그리고 하나님의 백성들을 구속하기 위해 괴로움을 많이 당하셨다(사 53:3,4). 예수님이 먼저 살리는 기도자의 마음 '아나우'를 우리에게 보여주셨다. 우리는 그분의 마음을 본받기 원한다(빌 2:5).

하나님은 오래 참으시는 분이시다(벧후 3:9). 만약 그분이 참지 않으셨다면, 우리는 회개의 기회도 없이 모두 멸망했을 것이다(시 145:7-9).

살리는 기도자들은 이를 잘 깨달은 사람들이다. 죽어가는 사람들의 온갖 문제 앞에 서서 남이 아닌 자기 자신을 오래 참고 견디시는 하나님의 긍휼을 발견하는 이들이다. 남을 위해 살려달라고 기도로 외치는 이들의 중심에는 다음과 같은 아나우의 신앙고백이 있다.

"그리스도께서 골고다를 오르셨습니다. 내가 졌어야 하는 십자가를 지고 가셨습니다. 주께서 나를 참고 참으셨습니다. 그리고 십자가 위에서조차 참으며 살리는 기도를 해주셨습니다(눅 23:34). 그 덕분에 저도 살았습니다. 감사합니다. 감사합니다. 감사합니다. 이제 제 차례입니다. 저도 주님과 같은 길을 가겠습니다(요 14:12). 저도 죽을 일들만 하며 죽을 길로만 가는 사람들을 참고 견디며 기도하겠습니다. 이것이 저의 사명입니다. 저도 주님처럼 살리며 살고, 살리며 죽겠습니다. 감사합니다. 감사합니다. 감사합니다."

그들은 예수님을 바라본다. 죽음의 그림자에 집중하지 않는다. 바람 앞에서도 예수님을 더 크게 본다(마 14:30). 부활때든 가난할 때든 예수님께 더 집중한다(빌 4:12). 예수님이 어떻게 죽을 인생을 살리셨는지, 그분이 어떻게 살리는 기도를 하셨는지 생각한다.

내가 비옵는 것은×3

공생애 마지막에도 예수님은 기도하셨다. 요한복음 17장에 나온다. 거기서 예수님은 살리는 기도를 어떻게 하는지 직접 보여주신다.

예수님은 "내가 비옵는 것은"이라는 표현을 반복하신다(요 17:9,15,20). 그러면서 그때마다 세 가지 기도 제목이 등장한다. 그 내용을 하나씩 살펴보자.

첫 번째 "내가 비옵는 것은"(요 17:9-14)

1. 하나님과 예수님과의 관계에 대한 기도

예수님은 먼저 하나님 아버지와의 관계를 말씀하신다.

"내 것은 다 아버지의 것이요 아버지의 것은 내 것이온데 내가 그들로 말미암아 영광을 받았나이다"(요 17:10).

이 관계의 특징은 제자들에 대한 소유권이다. 그들은 먼저 하나님 아버지 소속이다. 그다음 예수님의 것이다. 아버지와 아들이 하나가 되서서 같은 소유권을 가지신다. 성부와 성자 하나님의 공동 소유가 되는 것이 제자들의 살 길이다.

2. 예수님과 우리의 관계에 대한 기도

이 관계에 근거해서 다음 기도를 하신다.

"…내게 주신 아버지의 이름으로 그들을 보전하사 우리와 같이 그들도 하나가 되게 하옵소서"(요 17:11).

한마디로 제자들의 하나 됨을 구하신다. 여기에 어떤 식으로 하나가 되게 해달라는지 눈여겨보라. "우리와 같이"다. 성부와 성자께서 하나 되신 것같이 하나 되게 해달라는 기도다. 예수님으로 서로 하나가 되는 것이 제자들의 살 길이다.

3. 우리와 세상의 관계에 대한 기도

예수님을 통해 하나님과 하나가 되게 해달라는 기도는 한 단계 더 발전한다. 다음 기도 내용은 세상과의 구별이며 그 매개체는 말씀이다.

"내가 아버지의 말씀을 그들에게 주었사오매 세상이 그들을 미워하였사오니 이는 내가 세상에 속하지 아니함같이 그들도 세상에 속하지 아니함으로 인함이니이다"(요 17:14).

이 기도의 핵심은 '말씀으로 구별됨'이다. 세상과 제자들 사이에는 그리스도의 말씀이 있다. 이것이 세상과 섞여 살면서도 섞일 수 없는 구별점이다.

그리스도로 하나가 되는 것은 곧 그 말씀으로 하나를 이루는 것과 다르지 않다. 말씀 공동체를 이루어 세상에 들어가는 것이 제자들의 살 길이다.

두 번째 "내가 비옵는 것은"(요 17:15-19)

4. 세상에 살되 악에 빠지지 않도록 기도

그다음으로 예수님은 말씀 공동체에 대한 기도를 이어서 한 단계 더 깊이 하신다.

"내가 비옵는 것은 그들을 세상에서 데려가시기를 위함이 아니요 다만 악에 빠지지 않게 보전하시기를 위함이니이다"(요 17:15).

이것은 하나 됨의 목적에 대한 기도다. 천국 가는 것에만 그 목적이 있는 것이 아니다. 이 세상에 존재하도록 기도하신다. 세상의 악에 빠지지 않으면서 그 안에 존재하기를 소원하신다. 악과 공존하되 그들과 섞이지 않는 것이 제자들의 살 길이다.

5. 세상에 살되 진리로 구별되도록 기도

이어지는 기도는 다시 예수님과 제자들의 관계에 대한 것이다.

"내가 세상에 속하지 아니함같이 그들도 세상에 속하지 아니하였사옵나이다 그들을 진리로 거룩하게 하옵소서…"(요 17:16,17).

세상에서 구별되는 방법은 예수님뿐이다. 예수님이 곧 진리시다(요 14:6). 다시 말해 진리를 가지고 살 때 세상 한가운데서 살면서 세상과 구별된 삶이 가능하다. 진리로 거룩해지는 것이 제자들의 살 길이다.

6. 세상에 살되 보냄 받은 자로 살도록 기도

진리를 붙들면 세상과 다른 삶이 가능하다. 이것을 기도하신 주께서는 이제 제자들의 정체성을 규정하는 기도를 하신다. 그들은 '보냄 받은 자'이다(요 17:18). 그 결과 세상도 진리로 거룩함을 얻을 기회를 얻게 된다(요 17:19). 주께서 보내시는 곳으로 진리의 말씀을 들고 찾아 들어가는 것이 제자들의 살 길이다. 또한 그런 제자들의 존재를 받아들이는 것이 세상(불신자)에게도 살 길이다.

세 번째 "내가 비옵는 것은"(요 17:20-26)

7. 전체 신약 교회를 위한 기도

겟세마네 기도의 마지막 파트가 누구를 위함인지에 대해 예수님은 이렇게 말씀하신다.

"내가 비옵는 것은 이 사람들만 위함이 아니요 또 그들의 말로 말미암아 나를 믿는 사람들도 위함이니"(요 17:20).

앞서 11절의 기도와 내용이 같다. 다만 확장된다.

제자들이 주 안에서 하나 되게 해달라신 주님이 이번에는 제자들을 통해 살게 될 잠정적 교회 전체를 위해 기도하신다. 지금 예수님과 함께 있는 제자들처럼 모든 신약 교회가 다 하나 되게 해달라고 기도하신다.

예수님의 살리는 기도에는 과거와 현재뿐만 아니라, 미래의 성도들이 포함된다. 삼위 하나님의 하나 되심, 그리고 사도들의 하나 됨의 목적이 현재 우리를 살리는 데까지 있다.

8. 세상이 믿음을 얻게 해달라는 기도

기도는 세상을 위한 것으로 이어진다.

"아버지여, 아버지께서 내 안에, 내가 아버지 안에 있는 것 같이 그들도 다 하나가 되어 우리 안에 있게 하사 세상으로 아버지께서 나를 보내신 것을 믿게 하옵소서"(요 17:21).

예수님의 기도 제목을 통해 알 수 있다. 교회가 예수님으로 하나 되면 세상이 예수님이 누구신지 알게 된다. 이를 위해 기도하신다.

현재 세계 곳곳에 있는 교회들을 위해 예수님은 지금도 같은 내용으로 기도하신다. 우리가 서로의 차이점보다 예수님에게 함께 더 집중할 때, 예수님이 예수님 되신다. 교회가 하나 되게 해달라는 것이 세상을 살리는 기도 제목이다.

9. 사랑으로 온전케 되길 기도

교회가 하나 되는 길도 예수님의 살리는 기도 제목 안에 들어있다. 주께서 기도를 이어가신다.

"그들도 하나가 되게 하려 함이니이다 … 그들로 온전함을 이루어 … 그들도 사랑하신 것을 세상으로 알게 하려 … 나를 사랑하신 사랑이 그들 안에 있고 나도 그들 안에 있게 하려 함이니이다"(요 17:22-26).

이를 살펴보면 사랑이 하나 됨의 길이다.

세상이 예수님이 누구신지 알게 되려면 오늘날 우리 교회 공동체가 서로 사랑함에 있어 온전해야 한다. 서로 사랑하게 해달라는 기도가 예수님의 살리는 기도의 결론이다.

결국 '사랑'이다. 사랑이 살 길이다. 사랑이 살리는 길이다. 예수님은 우리가 서로 사랑하기를 기도하신다. 우리도 사랑을 기도하면 살리는 기도를 하는 것이다.

한편, 주님의 살리는 기도 모범을 따르자면 세상을 살리는 기도는 세 개의 관계를 통과한 후 마지막에 등장한다. 주님과 나, 나와 공동체, 그리고 그 공동체와 세상과의 관계가 먼저 거룩해야 한다. 이것을 기도한 후에야 드디어 세상을 살리는 기도가 시작된다.

나도 할 수
있을까?

내가 그들과 함께 있을 때에 내게 주신 아버지의 이름으로 그들을
보전하고 지키었나이다 그중의 하나도 멸망하지 않고 다만 멸망의 자식
뿐이오니 이는 성경을 응하게 함이니이다

요 17:12

살릴 수 없었던 사람 ———

예수님이 살리는 기도의 모범을 보여주셨다. 그분에게서
새 생명의 법이 전체 신약 교회를 향해 터져 나왔다(롬 8:2 ; 고
후 4:10). 그럼에도 살지 못한 사람들이 있다. 심지어 예수님
의 열두 제자 중에도 자살로 인생을 마감한 인물이 있었다.

가룟 유다. 그를 생각해볼 때 질문이 생긴다. 살리는 기도
는 정말 사람을 살릴 수 있는가? 만약 그렇다면 왜 예수님의
살리는 기도로는 유다를 살릴 수 없었을까?

가룟 유다에 대해 설명하기 전에 짚고 넘어가야 할 성경 언
어가 하나 있다. '배교.' 이것은 자신의 의지로 예수님과 그분
의 사람들을 등지고 떠나는 행위다.

성경은 이렇게 설명한다. "누가 어떻게 하여도 너희가 미혹

되지 말라 먼저 배교하는 일이 있고 저 불법의 사람 곧 멸망의 아들이 나타나기 전에는 그날이 이르지 아니하리니"(살후 2:3). 여기서 "그날"은 심판의 날이다. 그때까지 예수님은 오래 참으며 살리는 일을 지속하신다. 하지만 스스로 예수님을 떠나는 배교자는 내버려두신다(롬 1:24). 사람들은 예수님의 부르심에 응답하는 것만큼이나 그분을 떠나 배교할 자유도 있기 때문이다. 좀 더 엄밀히 말하자면, 그런 자유를 주님이 인내해주시기 때문이다.

이것은 죄인들이 주님과 동등하다는 뜻이 아니다. 우리는 그분과 비교 불가다. 그분은 생명력 넘치시는 거룩하신 창조주이시고, 인간은 에덴에서부터 죽음을 선택한 피조물이다(요 1:1-13 ; 골 1:15-17). 그럼에도 불구하고 예수님이 사람의 선택과 의지를 인정하신다. 이유는 주께서 인격적이시기 때문이다. 오래 참으시는 주께서 은혜로 우리를 선대하시며 살리는 기도를 하고 계신다.

살릴 수 없는 사람의 모습

자, 이제 본격적으로 가룟 유다 이야기를 해보자. 예수님이 부르셨고, 그는 예수님을 따를 기회를 얻었다(마 10:1-5). 그러나 유다는 그 기회를 걷어찼다. 유다는 사도 직무를 버리고 떠났다. 배교했다. "…유다는 이 직무를 버리고 제 곳으로 갔나이다"(행 1:25).

유다를 보며 살리는 기도의 효력에 대해 알 수 있는 한 가지 사실이 있다. 살리는 기도로도 살릴 수 없는 사람이 있다. 바로 배교자다. 그러나 아직 궁금한 부분이 있다. 배교 때문에 살릴 수 없었다는 이야기를 하면 그다음 질문이 온다. 예수님은 미리 다 아셨지 않은가? 그렇다면 왜 부르셨나? 배교할 것을 알면서도 유다를 열두 제자 중 하나로 포함시키신 이유가 무엇인가?

이에 대해 한마디로 대답하자면, 가룟 유다는 애초에 구원받았던 적이 없었다. 설명을 위해 우선 성경 구절 하나를 살펴보자. "인자는 자기에 대하여 기록된 대로 가거니와 인자를 파는 그 사람에게는 화가 있으리로다 그 사람은 차라리 나지 아니하였더라면 자기에게 좋을 뻔하였느니라 하시니라"(막 14:21). 이를 보면 질문은 사실이다. 예수님은 이미 알고 계셨다. 유다가 배교할 것을, 그러니까 그가 돌이키지 않을 것을, 죽을 것을 처음부터 알고 계셨다.

이 구절은 유다에게만 해당되지 않는다. 오늘날 예수님의 부름을 받아 따르고 있는 우리 모두도 이와 같다. 유다에게 하신 예수님의 말씀을 지금 이 시간 내가 먼저 들어야 한다.

성경을 읽으며 베드로나 요한에게 감정이입 하기는 유다와 동일시하는 것보다 쉽다. 마치 영화를 보며 자신을 악인

이 아닌 주인공과 동일시하는 것과 같다. 그런데 한 남다른
설교자는 자신을 유다에 대입했고, 이렇게 적용했다.

만약 당신이 거듭나지 않는다면, 당신이 한 번도 태어난 적이 없
었더라면이라고 소원하게 될 날이 오게 될 것이다.

_워렌 W. 위어스비

예수님은 유다에게만 살 기회를 주신 것이 아니셨다. 또한
유다만 그 기회를 저버린 것도 아니었다. 그리스도께서 가룟
유다를 선택하신 것은 가룟 유다만을 위한 것이 아니었다.
유다 선택이 오늘날 우리에게 외치고 있다. 혹시 나는 예수님
의 살리는 기도에 응답하고 있는지, 혹시 나는 어느 순간부
터 예수님을 저버리고 다른 길로 가고 있지는 않은지 반문해
대고 있다.

지금이 중요하다

가룟 유다 이야기는 거의 2천 년 전 것이다. 그러나 오늘
날과 크게 다르지 않다. 그때처럼 지금도 예수님은 우리를
부르셨다. 그 당시 어떤 랍비가 누군가를 제자로 불렀다는
것이 곧, 제자가 스승의 모든 것을 믿고 따른다는 의미가 아
니었다. 제자로 부름 받은 자는 그야말로 '배우는 자'로 존

재하며 진짜 믿고 따를 것인지 말 것인지 결정해야 했다. 지금 당신도 그렇다. 예수님의 인내와 은혜가 있었기에 선택받았다. 이렇게 크리스천이 되었다. 문제는 '지금'이다. 정말 예수님이 당신을 살리시는 유일한 분이신가? 가룟 유다와 같은 상황, 예수님의 길이 마음에 들지 않아 자신의 방법을 좇아 그분을 헐값에 팔아넘기고 있지는 않은가?

어떤 사역을 하든, 어떤 신앙 간증이 있든 '현재'가 가장 중요하다. 가룟 유다를 보라. 그도 주께서 보내신 자였다. 그도 능력을 행하는 사역자였다. "예수께서 그의 열두 제자를 부르사 더러운 귀신을 쫓아내며 모든 병과 모든 약한 것을 고치는 권능을 주시니라"(마 10:1).

이에 의하면, 예수님을 안 믿더라도 그분을 일시적으로 따르며 모든 능력 사역도 할 수 있다는 것을 알게 된다. 이것은 나의 억측이 아니다. 예수님의 말씀이다.

나더러 주여 주여 하는 자마다 다 천국에 들어갈 것이 아니요 다만 하늘에 계신 내 아버지의 뜻대로 행하는 자라야 들어가리라 그날에 많은 사람이 나더러 이르되 주여 주여 우리가 주의 이름으로 선지자 노릇 하며 주의 이름으로 귀신을 쫓아내며 주의 이름으로 많은 권능을 행하지 아니하였나이까 하리니 그때에 내가 그들에게 밝히 말하되 내가 너희를 도무지 알지

마 7:21-23

진위

유다의 신앙 진위 여부에 대해서는 그 외에도 근거들이 더 있다. 여기서 세 가지만 더 살펴보자면, 사탄의 역사, 예수님 의 증언, 그리고 회개 여부가 있다.

사탄의 역사

먼저, 유다의 경우 사탄의 역사에 대한 성경 보고가 있다. "조각을 받은 후 곧 사탄이 그 속에 들어간지라 이에 예수께 서 유다에게 이르시되 네가 하는 일을 속히 하라 하시니"(요 13:27).

성경을 따르자면, 예수님을 믿고 그 안에 있으면 사탄이 어떻게 할 수 없다(마 16:18 ; 요 16:20). 그러나 유다의 경우 사탄에 사로잡혔다. 그가 진실한 신자가 아니었음을 알 수 있다.

예수님의 증언

유다가 진짜 신자가 아니었다는 가장 확실한 증거는 예수 님의 말씀에 있다.

그러나 너희 중에 믿지 아니하는 자들이 있느니라 하시니 이는
예수께서 믿지 아니하는 자들이 누구며 자기를 팔 자가 누구
인지 처음부터 아심이러라 요 6:64

예수님과 함께 있는 모든 자가 신자가 아니라고 말씀하셨
다. 그리고 요한복음 자체의 주석이 그들 중 유다를 지목하
고 있다. 같은 내용은 다른 식으로 뒤에 한 번 더 반복된다
(요 6:70,71). 유다 가짜 신자설 빼박이다.

회개 여부

십자가상에서 예수님 옆에 함께 매달렸던 사형수 악인조
차 회개로 구원받았다(눅 23:43). 가룟 유다는 3년간 예수님
과 동행했던 자였다. 예수님을 팔아넘긴 후에도 살 기회는
또 있었다. 그러나 안타깝게도 끝내 회개치 않았다. 그가 했
던 일이라고는 후회뿐이었다. 스스로 할 수 있는 일까지만
하고, 끝내 예수님 믿기를 거부했다(마 27:3-5).

구원자로 받아들이지 않았기에 회개도 없었다. 인간적 뉘
우침이 다였다. 심판과 구원을 주께 맡기지 않았다. 자살로
자기 자신에게 벌주는 심판자의 자리에 자신을 올려두었다.
그는 회개 없이 생을 마감했다(마 27:5). 끝까지 믿지 않았다.

나는 예수님의 살리는 기도에 합당한가

성경은 겟세마네 기도를 보여준다. 예수님이 거기서 살리는 기도를 하시며 먼저 모범을 보이셨다. 여기서 한 가지 질문이 생겼다. 그 기도로 유다는 살릴 수 없었는가?

이제 이야기를 정리하며 짧게 답하자면, 둘 다였다. 살릴 수 있었다. 그러나 살릴 수 없었다.

살릴 수 있는 분이 오셨다. 심지어 기도할 필요가 없는 능력자셨다. 그분께서 살리는 기도의 모범을 몸소 보이셨다. 하지만 유다는 살 수 없었다. 살리는 기도의 무능력이 아니라 죽을 인생의 죽겠다는 고집 때문이었다. 그를 보며 우리도 깨닫는다. 살리는 기도는 무능하지 않다. 목이 곧은 죄인이 죽음을 끝까지 선택하는 것이 문제다.

배교를 고집하고, 끝까지 회개치 않으면 살 수 없다.

가룟 유다 구원의 문제가 성경에 기록되어있는 것은 우연이 아니다. 크리스천에게 꼭 필요한 지식 중 하나다. 예수님을 향한 믿음이 있는지가 제자 인생의 핵심이다. 바울은 이렇게 이야기한다.

너희는 믿음 안에 있는가 너희 자신을 시험하고 너희 자신을 확증하라 예수 그리스도께서 너희 안에 계신 줄을 너희가 스스

로 알지 못하느냐 그렇지 않으면 너희는 버림 받은 자니라

고후 13:5

어제 믿었다고 오늘 안 믿어도 된다는 이야기는 이단들의 전유물이다. 예수님 계신 곳에 함께할 뿐만 아니라, 그분을 유일한 구원의 길로 날마다 믿고 또 믿어야 한다. 이에 걸맞지 않은 생각과 행위는 회개해야 한다. 자의적 뉘우침으로는 살 수 없다. 그리스도만이 용서의 능력이 있는 구원자라는 사실을 믿고 그분께 회개할 일들을 맡겨야 산다(고전 9:27 ; 15:31).

예수님을 믿음으로 구원받는다. 이는 아무리 강조해도 모자란 말이다. 날마다 그 구원에 합당한 자답게 믿음으로 일관할 때 산다.

살리는 기도를 하기 위해 이렇게 먼저 자문해보라.

나는 그리스도의 살리는 기도를 받을 만한 사람인가?
나는 예수님을 정말 믿는가?
혹시 예수님 곁을 그저 배회 중인 것은 아닌가?
나는 예수님의 이름으로 온갖 사역을 하면서도
정작 스스로는 회개치 않는 사람은 아닌가?

살리는
기도
지속하기

Part 3

살리시는 하나님께
집중하라

가서 차지하라 _____

나는 말썽 많고 탈도 많던 유년기를 보냈다. 지나치게 나대던 아이였다. 영적으로는 예수님을 모르는 죽어있는 초딩이었다. 그런데 아무도 나를 내쫓지 않았다. 문제만 일으키지 전혀 도움이 안 되는 어린아이를 교회가 물심양면으로 돌봐주셨다.

몇 가지 일화가 떠오른다. 교회에서 뛰어놀다 교육관 백열등과 창문을 여러 개 깨먹었다. 교회 봉고차 위에 올라가서 슈퍼맨 놀이를 하다가 뛰어내렸는데 머리를 부딪혀 기절한 적도 있었다. 교회 첨탑 위에 성탄 장식하던 형들을 보고 나중에 몰래 혼자 기어 올라갔다가 철사 장식에 머리가 찢어진 적도 있었다. 그럴 때마다 교회 목사님들, 선생님들이 나를 업고 응급실로 뛰었다.

　어린 시절에는 믿음 없이 그저 교회에 놀러 다녔다. 그러다 중학생 때 예수님을 믿게 되었다. 그 후, 이전에는 없던 꿈이 하나 생겼다. 나도 주일학교 교사가 되고 싶었다. 나 같은 말썽꾼들에게 복음을 전해주는 것이 내가 진 사랑의 빚을 갚는 길 같았다.

　고등학교를 졸업하자마자 주일학교 부서에 교사 봉사 신청을 했다. 이미 빈자리가 없었다. 서로 교사를 하려 했던 은혜 넘치는 교회였다. 크게 실망하는 내게 부장 집사님이 제안을 하나 하셨다. 주일학교 교사 자리는 가득 찼으나, 성가대 지휘자는 공석이라고 하셨다. 나는 무조건 맡겨달라고 했다. 부장 집사님이 흔쾌히 맡으라고 하셨다. 그런데 문제가 있다셨다. 아직 성가대가 없는 것이 문제라셨다. 그러니 만들어서 지휘자를 맡아달라셨다.

　그 분은 지혜로웠다. 이미 나를 어린 시절부터 알고 기도해주셨던 선생님이셨다. 그 분이 말씀했다. 가서 차지하라고. 없는 성가대를 만들어서 그들의 교사를 하라셨다. 가나안 정복 전쟁과 땅 분배 같은 이야기에 나는 가슴이 뜨거웠다. "아멘" 했다.

　다음 주일예배 때 학생들 앞에서 광고를 했다. 성가대 연습 시간을 토요일 방과 후로 정했으니 지원자는 나오라고 했다. 그리고 일주일 동안 기도하며 한 사람씩 전화했다. 단 3명이 연습 시간에 나왔다.

나는 기도 명단을 먼저 만들었다. 성가대석은 30명이 앉을 수 있었다. 그래서 번호는 믿음으로 30번까지 적었다. 1, 2, 3번에 세 사람의 이름을 적었다. 번호만 있는 빈칸이 27개 더 있었다. 새벽마다 나가서 성가대원 3인을 위해 기도했다. 기도하니 심방하고 싶었다. 일주일에 서너 번씩 찾아갔다.

빈칸을 보면서도 기도했다. 이름 대신 번호였다. "주님 4번 빈칸에 이름을 올릴 아이를 위해 기도합니다. 성령으로 충만케 하시고, 늘 기도와 말씀으로 인생을 예수님께 드리는 아이가 되게 하시고…. 주님 5번 빈칸에 적힐 이름의 아이를 위해 기도합니다…." 이런 식이었다.

기도할 때마다 은혜가 넘쳤다. 하나님께서 그 기도 시간을 너무 좋아해주시는 것만 같았다(나중 이야기인데, 그로부터 3개월 뒤에 성가대 기도 명단에는 더 이상 빈칸이 없었다. 게다가 성가대는 30명이 아닌, 40명이 되었다!).

맨 위에 예수님이 계신다

이들을 위해 기도하는 동안 내 어린 시절이 떠올랐다. 문제아 말썽꾼 초딩을 위해 기도하셨던 나의 주일학교 선생님들이 하나씩 기억났다.

그중 첫 장면은 이랬다. 초등학교 6학년 때였다. 주일학교 예배 시간에 맞춰 나는 교회 근처 골목으로 나갔다. 거기서 또래 아이들의 헌금을 빼앗아 오락실에 갔다. 그러면 얼마 안 있어 선생님이 나를 찾으러 오락실로 오셨다. 그 분은 매번 내 귀를 잡고 교회까지 끌고 가셨다. 나는 끌려가면서도 반항의 목소리를 높였다. "왜 주일학교 선생님이 예배는 안 드리고 예배 시간에 오락실에 옵니까?!" 흔히 말하는 답이 없는 녀석이었다. 그 분은 매일 내 영혼 살려달라 기도하셨고, 매주 한 번도 빠짐없이 나를 찾으러 오락실로 오셨다.

또 다른 기억도 있다. 초등학교 3학년 때였다. 성탄전야 성극이 진행 중이었다. 내가 맡은 역할은 '성경'이었다. 라면 박스 잘라 성경책처럼 꾸민 소품을 뒤집어쓰고 무대 뒤에 서 있었다. 이제 5분 내로 내가 올라갈 차례였다. 그런데 누군가 말했다. 자신이 주인공이라고. 그때 나는 빈정 상했다. 내가 주인공인 줄로만 알고 있었기 때문이다. 삐진 아이가 성경 박스를 뒤집어쓴 채 집으로 가버렸다.

집까지 걸어서 15분 거리였다. 도착 직전에 선생님을 만났다. 우리 반 성극 시작을 놔둔 채 말썽꾼이었던 나를 찾아 일부러 뛰어오신 것이었다. 자세한 기억은 안 나지만 대화 후 그 분은 내 손을 꼭 잡고 다시 교회로 가셨다.

하나만 더 이야기하자면, 이번에는 초등학교 1학년 때였다. 산동네에 살았다. 집에 부모님 없이 여동생과 둘이 종일 있을 때가 많았다. 당시 주일학교 우리 반 선생님은 이제 막 상경한 대학교 1학년 여선생님이었다. 같은 동네에서 하숙 중이었고, 매일 새벽예배 때마다 나를 위해 기도한다고 했다.

한번은 4월 마지막 주 주일 공과공부 중이었다. 선생님이 내게 물으셨다. "준기는 어린이날 하고 싶은 것이 뭐야?"

나는 퉁명스럽게 답했다. "동물원에 가고 싶어요!"

그리고 어린이날 아침이 되었다. 그 분이 우리 집에 찾아오셨다. 휴일에도 내가 집에 혼자 있는 것을 아셨기 때문이다. 그 분이 환한 표정으로 말씀하셨다.

"준기야! 우리 함께 어린이 대공원에 가자!"

그 분도 가난한 대학생이었다. 지금 생각해보면 고작 스무 살의 여학생이었다. 그런데 그 시절 내게 최고의 어린이날을 선물해주셨다. 선생님이 동물원에서 사주셨던 솜사탕 생각이 아직도 난다. 유독 짧은 하루였다. 해가 뉘엿뉘엿 지고 있었다. 선생님은 나를 집 앞에 바래다주셨다. 우리는 다시 아무도 없는 집 앞에 섰다. 인사하고 들어가려는데, 내 앞에 쪼그리고 앉아 눈높이를 맞추셨다. 그리고 말씀해주셨다.

"준기야, 하나님 아버지가 널 사랑하셔. 너는 너무너무 소중한, 하나님 아들이야. 아무것도 걱정 말고 선생님과 함께 기도하고, 예배도 잘 드리고, 목사님 말씀도 잘 듣자. 응?"

그 분들 중 누구도 나를 포기하지 않으셨다. 모두가 나를 기도로 키워주셨다. 말썽 많고 문제 많던 아이가 나중에 커서 지금의 내가 될 수 있었던 것은 모두 그 분들의 기도 덕이다. 나도 교사를 하며 내가 맡은 아이들을 위해 매일 이름을 적어놓고 기도했다. 그러면서 그 분들이 한 분씩 한 분씩 떠올라 은혜가 많이 되었다. 기도로 나를 살리신 분들이 한두 분이 아니었다. 오래 잊고 지냈으나, 나도 아이들의 영혼을 살려달라는 기도를 하면서 매번 한 분씩 떠올랐다.

분명히 그 분들도 나와 같았을 것이다. 그 분들에게도 살리는 기도를 해주셨던 분들, 포기하지 않고 모든 방법으로 복음을 전했던 선배들이 있었을 것이다. 그 선배의 선배에게는 또 그 위의 선배가 있었을 것이다.

이런 식으로 거슬러 올라가다 보면, 그 맨 위에는 예수님이 계신다.

구원은 확실하다

어렸을 때 주일학교 가면 꼭 불렀던 찬양이 있다. 요한복음 3장 16절. 제목이 성경 구절이다. 가사도 그대로다. "하나님이 세상을 이처럼 사랑하사 독생자를 주셨으니 이는 그를 믿는 자마다 멸망하지 않고 영생을 얻으리로다 영생을 얻으리로다."

유치부 시절부터 수도 없이 불렀던 노래에서, 하나님이 사랑하신댔다. 너무 사랑해서 예수님을 우리에게 주셨고, 그분을 믿은 결과 나는 '영생'을 얻었다. 생각만 해도 가슴 벅차오르는 신비한 단어 영생. 영원한 생명. 그리스도의 생명을 전부 쏟아부어주신 결과 우리가 얻은 새로운 생명이다.

그리스도의 십자가로 주어진 새 생명은 풍전등화처럼 위태로운 것이 아니다. 그 대신 영원한 것이다. 세상이 끝나도 꺼지지 않는 능력이다.

만약 십자가의 능력으로 이룬 구원이 일시적인 것이었다면 성경이 '영생'이라고 표현할 리 없다. 구원은 영원한 것이다. 소멸하지 않는 생명력이다.

살리는 기도자들은 자신에게 주어진 영생을 확실히 붙든다. 예수님의 죽으심을 통해 얻은 영생이니, 예수님보다 못한 다른 것들로 이를 가로막지 않는다. 교회에서 문제만 일으키는 초등학교 6학년 아이나, 성탄전야 성극 직전에 삐져서 집에 가버린 3학년 아이도 별 문제가 되지 않았다. 주님의 십자가 생명이 그 아이보다 더 크다. 상경해서 산동네 살며 고학 중이었던 스무 살 여대생 주일학교 교사도 자신의 환경이 별 문제가 되지 않았다. 주님의 십자가 사랑이 현실 환경보다 더 크다.

구원은 죄에 대한 허가권이 아니다

주님의 십자가가 확실하다는 사실을 망각하는 것만큼이나 문제가 되는 것이 있다. 그것은 구원을 받았으니 죄를 맘껏 지어도 된다는 생각이다. 어차피 영생을 얻었으니 죽을 일들, 죄짓기를 지속해도 되겠다는 마음가짐이다. 물론 죄가 더한 곳에 은혜가 더욱 넘친다(롬 5:20). 그러나 은혜를 더하게 하려고 죄를 더 짓겠다는 것은 틀린 생각이다(롬 6:1).

믿는 자들은 그리스도의 십자가 죽으심을 통해 영원한 생명력을 얻었다. 이것은 순전히 '은혜'다. 구원을 얻을 자격도 능력도 없는 사람들에게 공짜로 주신 하나님의 선물이다. 죽을 영혼이 풍성한 생명력을 얻어 다시 살았다. 이 사실을 진짜 믿는 사람이라면 함부로 죄를 지을 수 없다. 오히려 구원 얻을 자격이 없는 인생임을 기억하며 거저 받은 구원에 걸맞은 생활을 하려고 애쓰며 살 것이다.

살리는 기도를 하는 사람들은 죄를 경계한다. 죄인들을 위해 기도하면서도 그들과 같은 죄에 물들지 않는다. 죄의 종노릇했던 과거로 돌아가지 않는다(롬 6:6). 나의 주일학교 선생님 예를 다시 들자면, 자신이 맡은 아이가 다른 친구들의 헌금을 뻥뜯어도 그 때문에 죄를 짓지 않았다. 오히려 선한 일로 갚았다. 살리는 기도를 하며 살리기 위한 방문과 조언을 한다. 살리는 기도자는 죽음을 부르는 일들을 멀리한다(롬 6:23). 죄로 죽는 것이 아니라, 죄에 대해 본인이 날마다 죽는 길로 다닌다(고전 15:31).

살아있어야 살린다. 그들은 영원한 생명력을 얻게 한 구원을 소중히 다루며 기도한다.

내 힘으로 얻은 구원이 아니다

구원받았다는 사실 때문에 맘껏 죄지을 수 없다. 이 말은 자신이 얻은 구원에 대해 소홀히 대하는 사람이 들어야 한다. 그런데 이렇게 말하면 또 자신의 힘으로 구원을 더 이뤄보려는 사람이 있다. 예를 들어 여러 선행이나 봉사 혹은 많은 헌금 등을 통해 구원을 이뤄보라는 말로 착각하기도 한다. 혹은 그 반대편에서 구원에 못 미치는 자신의 무능력에 깊이 실망하기도 한다. 살리는 기도자는 이런 식으로 헷갈려하지 않는다. 그들은 구원의 출처와 구원받은 사람의 태도에 대해 성경이 뭐라고 말하는지 분명히 알고 있다.

너희는 그 은혜에 의하여 믿음으로 말미암아 구원을 받았으니 이것은 너희에게서 난 것이 아니요 하나님의 선물이라 행위에서 난 것이 아니니 이는 누구든지 자랑하지 못하게 함이라 엡 2:8,9

한마디로 구원은 획득한 것이 아니다. 선물이다. 거저 얻은 것이다. 십자가에서 내 죄의 일부만 해결된 것이 아니다. 그리스도께서 십자가에 죽으심으로 내 구원에 필요한 속죄가 다 이루어졌다. 이를 믿음으로 영생을 확실히 받는다. 나 자신 때문이 아니라 그리스도 때문이니, 구원에 걸맞은 삶을 살아가는 힘도 그리스도께 달려있다. 살리는 기도자는 이를 알고 자기 힘으로 기도하지 않는다. 힘 빼고 기도한다.

그는 기도하지 않음을 지나치게 실망하지도 않는다. 그저 다시 시작한다. 그리스도께서 주시는 은혜를 매번 새롭게 구한다. 그리스도를 따라간다. 기도 내용조차 그렇다. 성령께서 조명해주시는 내용을 따라 기도한다.

기도를 자랑하지도 않는다. 구원이 전적으로 하나님께 달린 것처럼, 기도를 시키시는 분도 하나님이시다. 기도 중 받은 응답이나 은혜도 하나님의 것이다. 기도의 능력도, 응답받은 간증도 모두 하나님의 것이다. 기도자는 기도할 뿐이다(눅 17:10). 기도자는 그저 기도한다.

사랑해서 기도한다

여기까지 듣고 나면, '성도의 의지적인 거룩한 행위는 어떤 의미를 갖는가'라는 물음이 생긴다. 다른 말로 하자면, 내 의지로 행하는 거룩한 행위가 무슨 필요냐는 질문이다.

살리는 기도에 대해서도 같은 의문이 생긴다. 기도를 하는 것이나 그 응답이나 다 주께서 하시는 일이라면, 우리는 굳이 기도를 왜 하는 것인가?

여기에도 성경이 답한다.

너희가 나를 사랑하면 나의 계명을 지키리라 요 14:15

기도는 하나님의 명령이다(겔 36:37 ; 골 4:2). 그러나 의무감만으로 하는 기도는 의미가 없다. 사랑 때문에 하는 순종이라야 진정성이 있다.

살리는 기도자는 억지로 기도하는 사람이 아니다. 그는 그리스도를 사랑해서, 그리스도와 함께 있다 보니 그리스도께서 살리려고 기도하시는 사람들이 보여서 기도한다.

사랑 빠진 기도는 으스스하다. 강압적이거나 미신적일 뿐이다. 기도는 목적이 아니라 결과다. 살리는 기도자는 기도하는 사람이라기보다는 그리스도를 사랑하는 사람이다.

월권 금지

살리는 일은 완전히 하나님께 속한 하나님의 일이다. 월권하면 안 된다. 중직에 있을수록 월권하면 큰일 난다. 살리는 기도자가 딱 그렇다.

전지전능하신 하나님, 무엇이든 아시고, 무엇이든 하실 수 있는 분이 구원을 이루셨다(딤후 1:9). 이 구원은 확실하다.

살리는 기도자는 자신이 얻은 영생에 대해 늘 확신한다. 하나님이 그리스도의 가치 수준으로 확증하신 구원임을 잊지 않는다. 여기에는 기도자 자신의 의심조차 개입할 여지가 없다. 모든 것을 아시는 분이 살아야 할 영혼이 누구인지, 내가 누구를 위해 기도하는지 모르실 리 없다. 또한 무엇이든지 다 하실 수 있는 분이 죽음을 방치하실 리도 없다. 살리는 기도자는 살리는 일을 전적으로 하나님께 맡기고 의지한다.

누구를 살리고 말고는 자신의 권한이 아님을 잘 알고 기도한다. 하나님이 하나님의 뜻대로 선택하셔서 살리시며 이에 어떤 불의도 없음을 믿는다(엡 1:4 ; 롬 9:11-14). 살리는 기도자는 살리는 일을 주께 맡긴다.

그들은 겸손하다. 살리는 기도자는 누구보다 많이 기도한다. 그러나 전혀 기도하지 않는 사람 앞에서조차 자랑치 않는다. 그들은 기도의 자리에서 만나는 죽을 영혼들의 죽을 일들에 대해 다 알게 되더라도 함부로 말하지 않는다(잠 26:22,23).

또한 그들은 기도의 자리에서 살리는 사역의 아이디어를 누구보다 먼저 갖게 된다. 하지만 이를 남이 실행하도록 미뤄두지 않는다(잠 21:25). 스스로 살리는 일을 시작하고 지속한다. 그리고 하나님이 보내주시는 동역자들을 섬기며 다스리는 자리까지 나간다(잠 12:24).

살리신 후에는

살리는 기도자는 살리실 것을 믿고 기도한다. 그들은 끈기를 가지고 오래 간청한다. 믿기 때문에 지속한다. 중간에 멈출 생각이 없다. 그는 살리는 기도를 포기할 근거를 갖지 못한다. 죽은 영혼 살리시는 하나님의 생명력은 그리스도의 죽으심을 통해 보증된 것이기 때문이다.

> 우리가 아직 죄인 되었을 때에 그리스도께서 우리를 위하여 죽으심으로 하나님께서 우리에 대한 자기의 사랑을 확증하셨느니라 롬 5:8

그들은 하나님 사랑의 증거인 그리스도를 믿기 때문에 살리는 기도를 지속한다. 살리는 기도자는 끈기를 가지고 이렇게 생각한다.

'하나님은 죽음을 영생으로 바꾸실 만큼 강력하신 데다가, 예수님을 주실 정도로 우리를 사랑하시기까지 하신다. 그런 분이 왜 살려낸 사람들을 지켜주시지는 않겠는가? 구원하신 하나님께서 그 동일한 능력과 사랑으로 그들을 보존하고 지키시지 않겠는가?'(요 10:28,29 ; 빌 1:6 ; 유 1:24)

위기를
낭비하지 말고

•

부지런하여 게으르지 말고 열심을 품고 주를 섬기라
롬 12:11

기도의 기회를 붙잡으라 _____

살리는 기도자는 부지런하다. 그들은 죽을 일들을 염려로 낭비하지 않는다. 오히려 기도의 기회로 붙잡는다. 성경에 보면 죽음은 죄에서 왔다(롬 6:23). 죽어가며 사는 인생은 하나님이 은혜로 주신 생명의 유예기간이다(히 9:27). 이 기간 동안 만나는 어떤 문제든 죽음의 그림자라서 기회다. 하나님을 찾을 기회. 진정한 생명과 영생을 부르짖을 기회. 그리고 구원을 얻고, 또한 얻게 할 기회.

성경에 보면 '기회를 붙잡는 것'은 부지런한 사람의 특징이다. 특히 잠언에서 이렇게 말씀한다. "게으른 자는 가을에 밭 갈지 아니하나니 그러므로 거둘 때에는 구걸할지라도 얻지 못하리라"(잠 20:4).

여기 한 계절이 등장한다. 가을이다. 이때는 일반적으로 추수기다. 부지런한 사람은 이미 추수를 마쳐놓고, 또 씨 뿌릴 때를 대비한다. 그래서 미리 밭을 갈아 뒤집어엎어둔다. 타이밍이 기가 막히다. 그런데 부지런하지 않은 사람, 게으른 자는 이때 밭 갈기는커녕, 추수조차 제대로 해두지 않았다. 한마디로, 해야 할 일을 해야 할 때 안 했다. 그러니 어떻게 다음 단계를 생각하겠는가?

미리 밭 갈아두지 않았다.

타이밍을 놓쳤다.

그 결과 '구걸할지라도 얻지 못하는' 비참한 말로를 앞두게 되었다.

살리는 기도자는 게으름의 길을 거부한다. 부지런하다. 죽을 일 가득한 세상에서 흘러가는 대로 살지 않는다. 그들은 기도해야 할 때 기도를 충분히 해둘 뿐 아니라, 다음 계절을 준비하듯 미리 기도해둔다. 그들은 타이밍을 놓치지 않는다.

살리는 기도자는 관점이 다르다. 대부분의 사람이 위기를 죽을 일로 볼 때, 그들은 기회의 다른 이름으로 본다. 죽을 일로 염려하지 않는다. 그 대신 기도한다. 부지런하다.

부지런함이란 무엇인가?

부지런함은 삶의 태도다. 이것은 소명 때문에 생긴다. 한마디로 자신이 누구인지 아는 것이 부지런함의 시작이다. 부지런한 사람이란 자기 소명에 따라 꼭 해야만 하는 일을 꼭 해야만 하는 때에 하는 이를 말한다.

게으름은 부지런함과 반대다. 소명을 모르는 데서 시작한다. 자신이 누구인지, 무엇을 위해 사는 존재인지 제대로 알지 못한다. 그래서 꼭 자신이 아니어도 할 수 있는 일들을 해대며 소명 수행의 타이밍을 놓치는 모습으로 일관한다.

'게으름'은 부지런함이 무엇인지를 잘 보여준다.

게으름. 사전적 정의 자체로는 "일하기 싫어하는 태도나 버릇"이다. 게으름에 대해 중세 시대에는 용서받지 못하는 일곱 가지 죄를 대표하는, 죄 중의 죄로 보았다. 그만큼이나 대표적인 죄이며, 보편적인 태도다.

게으름에 대해서는 성경도 반복해서 설명한다. 잠언만 봐도 19회에 걸쳐 등장하는 '지혜 없는 태도' 중 하나이다.

그런데 모든 바쁨이 부지런함이 아닌 것처럼, 모든 휴식이 게으름인 것도 아니다. 소명과 상관없이 바쁘면 바빠도 게으른 것이며, 소명을 위해 쉬는 것은 아무 일 안 해도 부지런한 것일 수 있다.

게으름의 열 가지 특징

게으름에 대해 성경은 다음과 같은 열 가지 모습을 보여 준다.

1. 수동적이다

부지런한 자는 스스로 일한다. 누가 시켜서 하지 않는다. 마치 개미들이 두목이나 통치자 없이도 일사불란하게 움직이는 것과 같다(잠 6:6-8).

하지만 게으른 자는 움직이지 않는다. 매사에 수동적이다. 꼭 해야만 하는 일이 있어도 가만히 있는다(잠 19:24). 나가야 할 일이 있어도 "문밖은 위험해!"라고 외칠 뿐 요지부동이다(잠 22:13). 그저 해오던 것을 해오던 방식으로만 하며 제자리걸음이다(잠 26:14). 이들에게는 아주 조그마한 위험 감수도 있을 수 없는 일이다.

2. 의도치 않은 가난과 피곤을 맛본다

가난과 피곤은 게으름의 결과다. 게으름은 마치 마지막 한 송이의 눈에 무너져 내리는 지붕을 보고 놀라는 것과 같다. 매번 아주 조금씩 진행된 게으름이 쌓이는 과정은 인식이 어렵지만, 마지막에 일이 터지면 알게 된다.

게으름은 하루아침에 일어나지 않는다. 이것은 점진적이

다. 매번 "좀 더, 좀 더, 좀 더"라고 외친다(잠 24:33). 천천히 진행된다. 그러다 마지막에 "빈궁이 강도같이", "곤핍이 군사같이" 엄습해온다(잠 6:9-11).

'강도'는 몰래 들이닥친다. 의도치 않았거나 영문 모르는 가난을 겪고 있다면 게으른 것이다. 또한 '군사' 앞에 개인은 무능하다. 곤핍함을 도저히 이길 힘이 없다면 그것도 게으름이 원인이다.

3. 삶의 터전이 조금씩 무너진다

부지런함은 선택이 아니다. 게으름의 결과만 봐도 알 수 있다. 전도서에 보면 게으름의 결과로 "서까래가 내려앉게" 된다고 했다(전 10:18). 내가 사는 삶의 터전에 대한 이야기다. 살리는 기도를 하려면 내 집 지붕 서까래가 튼튼해야 한다. 다시 말하지만 살아있어야 살린다.

전도서의 서까래는 삶의 터전을 의미한다. 이를 우리 신앙에 적용하자면, 믿음과 교회의 터는 성경이다. 게으르면 성경 읽기나 묵상이 희미해진다. 말씀에 흠뻑 빠져있던 때는 과거 어느 순간에 있었던 한때의 무용담으로만 남는다. 현재 하나님의 말씀이 내 눈과 마음에 반복되지 않는다. 그래서 믿음도 교회도 조금씩 썩어 내린다.

4. 노예 인생에서 벗어날 수 없다

'노예'라는 말은 두 가지 뉘앙스가 있다. 하나는 긍정적이고 다른 하나는 부정적이다.

성경이 말하는 '노예'의 긍정적 의미는 그 주인이 예수님이실 때에 한한다. 예수님이 '주인님'이시다. 이 호칭의 상대에 '노예'가 있다. 우리는 그분의 노예들이다. 크리스천은 그분의 모든 말씀을 명령으로 받들어 지키는 사람들이다. 자신의 생각을 내려놓고 주인의 음성에 귀를 기울여 가감 없이 그대로 행한다.

한편, '노예'의 부정적 용법은 주인이 다를 때 쓴다. 예수 그리스도가 아닌 다른 존재를 주인으로 섬기는 경우다. 우리는 예수님 이외의 누구의 노예여서도 안 된다. 설사 사람 밑에서 대가를 받으며 일을 해도 마찬가지다. 살리는 기도자는 더욱 그래야 한다. 그는 피고용자여도, 스스로 일하며 자기 소명 때문에 열심을 낸다. 그는 "그 부리는 사람"에게 불편하지 않은 존재다(잠 10:26). 그럴 때 부정적 의미의 노예 자리를 벗어날 수 있다.

성경은 이렇게 조언한다. "부지런한 자의 손은 사람을 다스리게 되어도 게으른 자는 부림을 받느니라"(잠 12:24). 부지런하지 않으면 예수님 외의 누군가에게 노예가 되어 산다. 게으르면 살리는 기도는커녕 제 한 목숨 생존에 급급할 뿐이다.

5. 충족 없는 결핍에 시달리며 산다

게으른 자는 마음으로 원하여도 얻지 못한다(잠 13:4). 그는 충족되지 않은 욕구를 가지고 산다. 항상 무엇인가를 더 필요로 한다. 신상이 나올 때마다 마음이 흔들리고, 어떤 제품이나 서비스를 구입하여도 만족은커녕, 욕구만 커진다. 이런 상태로는 누구도 살릴 수 없다. 기도 방향 자체가 결핍에 매여있을 뿐이다. 주변을 둘러볼 여유 공간이 마음에 남아있지 않다. 물질적 결핍에 시달리면, 죽음을 제대로 인식할 수 없다. 물론 살리는 기도를 시작할 수도 없다.

6. 뭘 해도 안 된다

게으른 자는 어디로 가도 가시밭을 만난다(잠 15:19). 여기저기 찔린다. 애매히 고통받는다. 항상 피해자다. 다른 표현을 쓰자면, 쉽게 상처받는다. 반면 부지런한 자는 밭에서 가시나무를 제거하고 열매를 얻는다. 일하다 어딘가에서 찔려도 아프다는 호소로 멈춰 서지 않는다. 그 대신 기도한다. 죽음의 가시밭에 들어가서도 기도로 생명의 길을 낸다. 살리는 기도는 부지런해야 한다.

7. 뜨뜻미지근하다

성경은 게으름을 깊이 잠든 상태에 비유한다(잠 19:15).

깊은 잠은 죽은 것도 산 것도 아닌 상태에 대한 비유다. 이도 저도 아닌 중간 지대에 숨어 가만히 있는 게으름을 묘사한다.

모세가 딱 그랬다. 이집트의 왕자도 히브리인들의 리더도 아니었다. 어중간한 인생으로 일단 40년을 보냈다. 그러다 도망자로 미디안 광야에서 또 다른 40년을 보냈다. 그때도 어중간했다. 소명을 받기까지 80년을 보냈다. 그러다 떨기나무 아래서 하나님을 만났다. 그제야 진로가 결정되었다. 출애굽의 리더로 살기 시작했다.

그는 더 이상 같은 사람이 아니었다. 자신이 누구인지 알고, 무엇을 해야 하는지 배운 후 인생의 회색지대가 없어졌다. 죽음과 삶의 경계에서 빠져나와 전혀 다른 인생을 살았다.

살리는 기도자들도 그렇다. 그들은 뜨뜻미지근한 적이 없다. 살고 살리는 뜨거운 생명력을 향해 부지런히 기도해댄다. 죽을 일들 앞에서 풀 죽지 않는다. 오히려 뜨겁게 생명을 호소한다.

8. 타이밍을 놓친다

농부라면 계절별로 해야 할 농사일이 있다(잠 20:4). 만약 제때 제 일을 하지 않는다면 일이 밀려 농사를 망치는 결과에 이른다. 지금 해야 할 일을 지금 하지 않으면 내일에 대한 대비가 안 된다. 이에 따르면 게으름이란 타이밍을 놓치는 태도다. 눈앞에 와있는 기회를 기회로 다루지 않는 모습이다.

살리는 기도자들은 죽음 앞에서 쫄지 않는다. 단지 하나님 앞에서만 떤다(마 10:28). 죽을 일을 그 자체로 다루지 않는다. 부지런히 하나님을 찾고 찾는다. 하나님 앞에 죽을 일을 세운다. 그러면 죽음보다 하나님이 더 커 보인다.

살리는 기도자는 기도 타이밍을 놓치지 않는다. 어떤 문제도 모두 기도로 하나님께 집중할 기회일 뿐이다.

9. 직접 일하는 것을 싫어한다

게으름이 보여주는 또 하나의 특징은 "자기의 손으로 일하기를 싫어"하는 것이다(잠 21:25). 이 모습은 '핑계'로 나타난다. 게으른 자는 직접 일하기 싫어하는 대신 남 핑계 대기를 좋아한다.

반면, 부지런한 자는 직접 일하려는 태도를 가지고 있다. 그런 사람들은 핑계 대지 않는다. 남 탓도 없다. 다만 스스로 책임지려고 한다. 대부분의 문제에 대해 자신이 할 일을 먼저 찾아보고 직접 통제하려 든다.

그러나 게으른 자는 남이 일 해주기를 바란다. 나라의 문제는 특정 정치인 탓이고, 교회 문제는 특정 리더십 탓이라며 손가락질한다. 그러면서 정작 자신이 해야 할 일은 없다고 생각한다.

평계는 게으름의 자기 합리화다. 남 탓은 모든 일을 쉽게 만든다. 문제를 만드는 것이나 해결하는 것 둘 다 다른 누군가가 맡아줘야 게으름은 자신을 보존할 수 있다.

살리는 기도자는 부지런하다. 그들에게는 남 탓이 없다. 직접 팔을 걷어붙이고 일어난다. 모세처럼 온 백성의 죄가 자기 책임인 듯 기도하고, 히스기야처럼 면벽하여 울부짖으며 기도하고, 예수님처럼 모두의 죄를 자기 몸에 짊어지고 살려 달라 기도한다.

10. 자만하다

끝으로 게으른 자는 자신을 더 배울 것 없는 존재로 여긴다(잠 26:16). 그들이 소명을 발견할 수 없는 이유가 이것이다. 자기 경험을 세상의 일부가 아닌, 전부라고 여기며 살기 때문에 더 배울 여지가 없다.

소명의 방향을 보라. 성경을 보면 하나님의 명령은 익숙한 것을 떠나 낯선 것을 향한다. 노아는 비도 안 내리던 시절 거대한 방주를 지으라는 비전을 받았다. 아브라함은 고향과 친척과 아버지의 집을 떠나 전혀 익숙하지 않은 여정을 출발해야 했다. 요셉은 말도 안 통하는 이집트로 노예 신분으로 전락한 채 이주해야 했고, 모세는 나이 80에 도망 나왔던 이집트로 복귀해야 했다. 그것도 출애굽 리더십이 되기 위해서.

성경을 보면 소명은 성장을 동반한다. 하나님이 주시는 비전은 한 개인의 인생 경험보다 무조건 크다. 그럼에도 게으른 자는 자기 경험에만 안주하려 한다. 그 이유는 단지 불편하고 싶지 않아서다. 익숙한 것에 머물면 큰 에너지가 들지 않는다. 반면 내 경험 바깥으로 나가려면 에너지를 많이 들여야 한다. 위험도 감수해야 하고 그동안 쌓아 올린 인생 경험을 다 재투자해야 한다. 이를 불편히 여긴다. 소명보다 자기 편안을 더 생각한다.

살리는 기도자는 게으르지 않다. 그들은 소명을 향해 달린다. 경험 세계에서 그 바깥으로 도전한다. 자기 목숨을 바쳐서라도 살리려는 영혼들을 향한다(롬 9:3). 이를 위해서라면 낯선 환경도 마다않는다. 당장 불편을 감수하더라도 죽을 영혼이 살아날 것을 더 기대한다. 구원하시는 주님의 열심을 사랑한다(고후 11:2).

게으름의 여섯 가지 결과

부지런함은 살리는 기도자의 모습이다. 그렇다고 이 태도가 선택사항인 것은 아니다. 성경이 말하는 게으름의 결과를 보면 무슨 말인지 더 와닿을 것이다.

게으름의 결과에 대해 성경은 단호하게 강조한다. 이를 요약하자면, 다음 여섯 가지 모습이다.

첫째, 저주를 받게 된다

크리스천에게는 부지런할지 말지에 대한 선택권이 없다. 당신이 예수님을 따라나선 순간, 부지런함 외의 다른 삶의 방식이 주어지지 않는다. 무조건 부지런해야 한다. 언제고 게으름을 피해야 한다. 그렇지 않으면 저주를 받는다. 성경이 이렇게 경고한다.

여호와의 일을 게을리하는 자는 저주를 받을 것이요 렘 48:10

주께서 십자가 희생으로 모든 일을 이루셨다. 죄로 죽은 영혼을 살리시고, 창조주 하나님의 호흡을 그 심령에 불어넣어주셨다. 이제 새로운 인생이 펼쳐졌다. 더 이상 이전처럼 살 수 없게 되었다.

크리스천은 이미 되돌아갈 수 없는 구원의 강을 건넌 사람이다. 그들은 앞으로 나가야 한다. 구원을 주신 하나님을 향해 정진해야 맞다. 다른 길이 없다. 죽음과 생명이 걸린 인생이다. 대충 살겠다는 것은 구원받은 자의 모습이 전혀 아니다.

둘째, 불순종한 사람이 된다

달란트 비유를 상기해보라(마 25:14-30). 한 달란트 받았던 자는 아무것도 하지 않았다. 그 결과 주인에게 이런 핀잔을 들었다.

"악하고 게으른 종아!"(마 25:26).

우리는 예수님을 선물로 받았다. 게다가 믿음으로 그분을 따르고 있다. 받은 것을 가지고 무엇을 하며 살지 스스로 결정하고 진행해야 한다. 우리는 모든 능력과 권세가 다 주어진 사람들이다(골 1:11). 아무것도 이기지 못할 것이 없다(요 16:33). 받은 그리스도와 그 부활 능력을 모두 파묻어 두고 아무것도 하지 않겠다는 것은 하나님을 무시하는 것과 같다. 자신이 받은 것을 모른 척해도 진실은 바뀌지 않는다. 구원을 받았으니 그에 합당하게 구원 능력을 사용해야 한다.

셋째, 주님을 제대로 섬길 수 없게 된다

지혜는 양극단을 아우르는 능력이다. 지혜의 본체 되신 예수님을 보라. 그분은 인간이신 동시에 하나님이시다. 인간이시면서도 죄는 없으시고, 하나님이시면서도 죄인과 함께 계신다. 양쪽을 다 가능케 하신다. 그래서 지혜 그 자체시다.

그분을 선물로 받은 크리스천도 그렇다. 복음 지식을 가지고 세상을 살 때 그분처럼 지혜로워야 한다. 육적인 일을 영적으로 담아내야 한다. 거룩한 일을 거룩하지 않은 곳에서 해낼 수 있어야 한다. 하늘 소속으로 이 땅에서 살고, 살려야 한다. 이렇게 이것도 저것도 해내는 지혜는 부지런할 때만 주어진다.

로마서는 11장까지 복음 지식을 전한다. 그리고 12장부터 그 지식으로 어떻게 살 것인지에 대해 이야기한다. 한마디로 지혜를 알려준다. 로마서의 두 번째 파트, 지혜의 말씀은 부지런함을 다루며 시작한다.

부지런하여 게으르지 말고 열심을 품고 주를 섬기라 롬 12:11

이 말씀대로다. 복음 지식을 사용해야 하는 1차 대상은 주님이다. 그리스도를 섬기는 일에 지혜로워야 한다. 그분을 위해 이것도 하고 저것도 버리지 말아야 한다. 누구보다 지혜롭게 모든 일을 처신할 수 있어야 한다.

결국 부지런함이 필요하다. 게으르다면 주님을 섬길 수 없다(히 6:11,12). 지혜가 없다면 누구를 살리는 일은 불가능하다.

넷째, 거짓말을 좋게 된다

성경을 따르자면, 게으름과 거짓은 한통속이다. 예를 들어 디도서에는 '그레데인'의 특징 묘사가 등장한다. 이를 살펴보면, 그들이 거짓된 존재라는 사실을 게으름뱅이라는 것과 서로 연결 지어 보고한다(딛 1:12-14).

게으름은 진실과 거리를 낸다. 당연하다. 진실은 불편하다. 올바른 지식은 올바른 행동을 요구하기 때문이다.

예컨대, 기침을 반복하던 흡연가가 병원을 찾았다. 그리고 진실을 알게 되었다. 폐암 초기란다. 당장 흡연부터 멈춰야 한단다. 그렇다면 두 가지 선택지가 있다. 흡연과 금연이다. 하나는 계속 해오던 대로 하는 것이다. 이는 별로 큰 에너지가 들지 않는다. 그래서 편하다. 한편, 또 하나의 선택지는 금연이다. 안 하던 일을 새로 도전하는 것이다. 여기에는 많은 에너지가 든다. 그래서 불편하다.

복음도 그렇다. 복음은 더 이상 이전처럼 살 수 없다는 지식이다. 복음을 처음 듣게 되는 사람의 입장에서 생각해보라.

평생 아무 상관없이 살아왔던 보이지 않는 존재가 창조주 하나님이시다. 그런데 자신은 그 하나님의 저주 아래 놓여 평생 죽은 상태로 살다가 결국 심판받고 지옥 갈 운명이다. 이유는 자신이 한 번도 생각해본 적이 없는 죄 때문이다. 그냥 사형 수준이 아니다. 창조주 하나님에 대한 적극적 반역의 죄다.

다행히 여기서 벗어나는 유일한 구원의 길이 하나 있다. 그것은 예수 그리스도다. 그분은 완전한 인간이시며 동시에 완전한 하나님이시다. 창조주 하나님의 독생자시며, 동시에 하나님 그분 자신이다. 그분이 나의 유일한 구원자라고 입으로 시인하고 마음에 믿으면 하나님의 자녀가 된다. 그리고 하나님의 저주와 심판을 피한다. 죽은 영혼이 살아나고, 죽어서도 하나님과 함께 영원히 산다.

진실은 불편하다. 이 복음을 듣기 전에는 불편하지 않았다. 그러나 일단 듣게 되면 복음을 받아들일지 거절할지 양자택일의 길에 놓인다. 둘 다 불편하다. 거절하기도 그렇고 받아들이기도 그렇다.

받아들이기로 한다면 더욱 불편하다. 삶을 전반적으로 다 바꿔야 한다. 그동안 알아왔던 모든 것이 바뀐다. 존재를 바라보는 시각이 바뀌고, 사회관계가 바뀌고, 추구하던 목적이나 인생 방향도 바뀐다. 많이 불편해진다.

그래서 게으른 사람들은 진실을 가능한 한 오랫동안 무시하고 산다. 아예 모른 척한다. 귀 닫고 눈 감는다. 들어도 못 들은 척한다. 어떤 새로운 선택도 하지 않기 위해 애쓴다. 오히려 진실 아닌 것들이 훨씬 편하다고 생각한다. 게으름은 거짓과 친하다. 진실을 알게 되면 게으름과 작별이다.

다섯째, 미숙한 크리스천이 된다

예수님을 믿으면 성장 과정 돌입이다. 이 과정엔 졸업이 없다. 죽어야 끝난다. 그 목표 수준이 너무 높다. 예수님처럼 되기까지다(엡 4:13). 게으른 사람은 꿈도 꿀 수 없는 목표다.

크리스천 인생이란 그리스도의 장성한 분량까지 도달하려 애쓰는 나날이다. 매 순간이 소중하다. 이것은 마치 목표를 향해 내달리는 미사일에는 꼭 필요한 것만 달려있는 것과 같다. 거기에 가감이 필요하다면 준비가 덜 된 것이다.

신앙 성숙의 과정도 그렇다. 부지런한 준비가 필수다. 예수님을 목표로 정확히 겨냥된 하루하루여야 한다. 게으르면 제때 제 궤도에 도달할 수 없다. 부지런해야 그리스도의 장성한 분량까지의 성장이 가능하다. 게으르다면 미숙한 크리스천으로 마감하는 인생이 될 것이다.

성장 역시 선택이 아니다. 피할 수 없는 명령이다. 성경에 나온다.

이 모든 일에 전심전력하여 너의 성숙함을 모든 사람에게 나타나게 하라 딤전 4:15

여섯째, 마지막이 비참해진다

한 번 더 잠언 말씀을 인용하고 싶다. "그러므로 거둘 때에는 구걸할지라도 얻지 못하리라"(잠 20:4). 이 한 구절에 게으름의 결과가 다 들어있다. 한마디로 비참하게 끝난다. 거둘 때에 거둘 것 없는 것만 해도 슬픈 결말이다. 그런데 게으름의 끝은 여기서 두 단계 더 추락한다. 구걸해야 하며, 구걸해도 얻을 것 없는 상태를 맛보게 된다.

'거둘 때'란 궁극적으로 영적 추수의 때이다. 모든 일의 끝에 죽음이, 죽음의 끝에는 심판이 모두를 기다리고 있다. 그때 하나님께서 게으름과 부지런함을 달아보실 것이다. 그리고 행한 대로 갚으실 것이다(롬 2:6-8).

게으름을 이기는 열 가지 방법

여기까지 듣는데 자기 이야기 같았다면 다음 열 가지 팁에 주목하라. 만약 당신이 게으름에 지배받고 있다면 무조건 탈출해야 한다. 게으름이란 그저 머물며 내일을 기약해도 괜찮은 자리가 아니다. 최대한 빨리 최선을 다해 빠져나와야할 죽음의 늪과 같은 곳이다.

한편, 당신이 이미 부지런한 기도자라고 생각한다고 해도 마찬가지다. 다음 열 가지를 지속하며 계속 살리는 기도를 부지런히 하라.

사랑은 모든 것을 가능케 한다. 어떤 무시무시한 게으름이라도 예수님을 향한 사랑이 불어오면 추풍낙엽처럼 흩어지게 될 것이다.

예를 들어보자. 나는 지난 주말에 자전거로 제주도 한 바퀴를 돌고 왔다. 온종일 너무 행복했다. 사랑 때문이었다. 함께 달리던 라이더스 처치 형제들을 사랑해서 그랬고, 동시에 자전거를 사랑해서도 행복했다. 만약 사랑이 없다면 곤욕스러운 일일 뿐이다. 차로 달려도 고된 길을 자전거로 하루 만에 가는 것. 만약 사랑이 없었다면 이는 매우 힘들고 고통스러운 일이었을 것이다.

매사가 그렇듯, 부지런함 역시 사랑이 있어야 가능하다. 예수 섬기는 일에 열심을 내려면 사랑 외에 답이 없다. 예수님을 더욱 사랑하라. 사랑 없는 열심은 율법주의일 뿐이다. 살리는 기도는 사랑으로만 진행된다. 예수님을 향한, 그리고 예수님이 사랑하시는 사람들을 향한 사랑이 살리는 기도의 동력이 된다.

사랑. 별거 아니다. 함께 있으면 된다. 더 알아가면 된다. 기도와 말씀에 집중하라. 예수님과 함께 종일 지내라. 모든 일에 예수님의 이름을 부르며 대화하고, 예수님의 말씀을 펼쳐 들어 묵상하고 생각하라. 바람 한 줌에서도 그리스도를

바라고, 공중의 새와 들의 백합화를 보더라도 먼저 하나님의
나라를 기억하라(마 6:21-34).

둘, 소명의 확신을 추구하라

교회 개척 첫해, 그때 소명의 확신을 가장 뜨겁게 추구했
다. 이유가 있었다. 솔직히 말하면 처가살이 때문이었다.

나는 가족을 데리고 처남 방에서 교회를 시작했다. 장인
어른과 장모님은 환영하고 기뻐하셨지만, 사위로서는 부끄
러울 일이었다. '믿고 딸을 맡겼는데 경제력 없이 처가살이라
니! 만약 내 딸이 커서 시집갔는데 내 사위가 그렇다면?' 나
는 상상도 하기 싫었다. 그때 나는 종종 염려했다. 독립해서
가족을 돌봐야 하는 남자라면 따로 살아야 했다.

그러나 이런 염려로 마음이 흔들릴 때마다 기도했고, 그
때마다 소명이 다시 불타올랐다. 매번 더 뜨거웠다. 그런 후
에야 다시 개척 사역에 온전히 몰입할 수 있었다. 염려와 기
도는 확신으로 이어졌고 이는 매번 반복되었다. 그 과정에서
소명은 날로 확실해졌다. 지나고 보니 알 것 같다. 불필요한
감정에 시간 낭비를 안 하려면 소명의 확신이 필요하다.

부지런함이나 게으름은 상대적이다. 소명이 저마다 달라
서 그렇다. 이력의 정도나 실력의 수준과 상관없다. 자신이
처한 환경으로부터 기도하는 것이 게으름을 피하는 길이다.

왜 현재 그 자리에 있어야만 하는지 묻고 또 물어야 부지런 해질 수 있다.

하나님과 자신의 관계에서 개인적 소명을 확인할 때 모든 상황이 달리 보인다. 소명에 따라 시간과 에너지와 환경에 대한 다른 시선이 생긴다. 그러므로 게으름이 엄습해있다면, 소명을 위해 기도하라. 중간에 멈추면, 그동안 해온 것도 무효다. 하나마나 한 일을 한 것으로 전락한다.

한낱 감기약이라도 증세가 없어질 때까지 복용하지 않는가? 소명의 확신을 구하는 기도는 그에 비할 바 아니다. 끝까지 해야 맞다. 확신이 들 때까지 기도하는 것이 정확하다.

또 한편, 기도한 내용을 가지고 성경을 펼쳐라. 이것도 확신이 들 때까지다. 읽고 또 읽어야 한다. 이미 알고 있는 것을 재확인하고, 새로 발견하는 것은 소명의 확신으로 마음에 깊이 자리 잡기까지 묵상하고 연구해야 부지런함이 생긴다.

셋, 소명에 이르는 길을 액션 중심으로 재구성하라

1993년이었다. 그때까지만 해도 나는 아마존의 창업자 제프 베조스(Jeff Bezos)와 경쟁 상대였다. 물론 그와 개인적 친분은 없다. 그저 아이디어가 같았다. 소위, '인터넷 사업하면 성공한다'였다. 여기까지는 같았다. 차이는 액션에 있었다. 같은 아이디어로 나는 제프와 전혀 다른 일을 했다.

그는 생각했던 것과 같은 액션, 인터넷 사업을 시작했다. 그러나 나는 생각과 다른 액션을 취했다. 컴퓨터 학원에 등록해서 정보검색사 자격증을 땄다. 그는 자신의 아이디어대로 행동했기에 부지런했다. 그러나 나는 다른 행동을 취했기에 게을렀다. 부지런함과 게으름의 차이는 동전의 양면과 같다. 그 동전을 어느 쪽으로 뒤집냐는 것은 액션이 결정한다.

많은 사람이 한숨 쉬며 하는 말들이 있다.

"나도 그 생각 진작에 했었는데!"

이런 말을 하는 사람들의 공통점은 생각만 했지 액션은 없었다는 것이다.

예수님은 "너도 이와 같이 하라"셨다(눅 10:37). 지식대로 행동하는 것이 소명을 찾고 이루는 길이다.

모든 크리스천에게는 공통 소명이 있다. 1차 소명, '예수님'이다. 이 소명은 따로 찾아 헤맬 필요도 없이 확실한 것이다. 예수님을 더 알고, 더 믿는 것이 매일매일 우리의 공통 소명이다.

이를 기초로 2차 소명이 더해진다. 그것은 1차 소명을 이루기 위해 각자가 해야 할 남다른 일들이다. 이 소명은 '지금' 그리고 '여기'에서 출발하면 된다. 자신에게 주어진 현재의 '1달란트'가 2차 소명으로 안내한다.

밤낮 생각만 해서는 아무 일도 일어나지 않는다. 액션을 통해 지식을 시험해보기 전에는 소명을 이룰 길이 없다. 행동하고 지속해야 어떤 일이든 일어난다.

턱걸이를 잘하려면 '턱걸이'를 실행하고, 수영을 잘하고 싶다면 '수영'을 해야 한다. 어떤 거룩한 행위들도 그렇다. 기도는 기도로만 배울 수 있고, 목회는 목회로만 배울 수 있다.

소명 아이디어가 있다면 그것을 바로 지금 액션으로 전환해봐야 한다. 뜨거운 생각만큼이나 행동에도 즉각적인 사람이 부지런한 사람이다. 소명의 확신을 구하며 현재에 집중하되, 액션 중심으로 하루하루를 재구성하는 것이 게으름을 물리치는 방법이다. 실행 중심으로 매일을 보내라.

넷, 매일 한 번만 더 가라

게으름의 침투 경로는 교묘하다. 매번 "좀 더, 좀 더, 좀 더"를 외치며 야금야금 마음을 잠식해 들어온다(잠 6:10). 이를 파괴하려면 같은 길을 거꾸로 진행하면 된다. 매번 "좀 더! 좀 더! 좀 더!"라고 외치며 게으름 반대 방향으로 이동하면 된다. 이를 가장 극적으로 보여주는 것을 나는 운동할 때 경험했다.

함께 사역하는 분 중에 체육 전공자가 계신다. 웨이처치 홍대 박 목사님이다. 그 분을 헬스장에서 만나면 운동을 제대로 할 수 있다. 한번은 덤벨 12회 5세트를 함께 들었다. 서로 격려하며 한 세트씩 번갈아 했다. 그러나 마지막 세트의 횟수는 정해진 횟수를 넘겼다. 박 목사님 때문이었다. 그는 마지막 순간에 "좀 더!"라고 외쳤다. 더 이상 들 수 없을 때까지 몰아붙였다. 끝날 기미가 보이지 않았다. 내가 더 이상 덤벨을 들 수 없었던 마지막 순간에도 그는 요구했다.

"딱 한 번만 더!"

이 목소리를 들으며 난 "좀 더" 했다.

헬스장에서 그를 만날 때마다 경험한다. 전문가는 다르다. 그는 "좀 더"의 비밀을 알고 있다. 딱 한 번만 더 하면 된다. 처음부터 마지막 세트는 20회 한다고 하지 않았다. 더이상 덤벨을 들 수 없는 순간이 왔을 때 그저 "한 번 더"를 도전했고, 매번 "한 번 더" 했다. 그러자 진짜 그만큼 더 할 수 있었다.

그러고 보니 내게는 또 한 분의 운동 코치가 계신다. 내 책에 매번 등장했던 마라토너. 그 분은 계절과 날씨를 가리지 않고 달린다. 한번은 추운 겨울에 내가 물었다. "어떻게 이 날씨에도 달릴 수가 있으시죠?" 그 분은 이렇게 대답했다. "특별히 뛰려고 하지 않아요. 그저 문밖까지만 나가면 돼요."

맞다. 이번에도 "좀 더"의 비밀이다. 뛰기 싫음을 이기는 길은 뛰는 데 있지 않았다. 뛰기 위해 그저 딱 한 걸음, 문밖에 나가기에 있었다.

"좀 더"는 게으름의 중력을 거스르는 힘이다. 지혜자들은 하루아침에 게으름을 다 물리치려 들지 않는다. 두 걸음도 아니다. 딱 한 걸음이다. 매번 아주 조금만 움직이면 된다. 거기에 지속과 이김의 비결이 있다.

게으름의 공략 경로를 거꾸로 거슬러 가라. 매번 "좀 더!" 혹은 "딱 한 번만 더!"라고 외쳐라.

다섯, 주어진 현장에서 시작하라

많은 사람이 다이어트에 실패하는 이유는 비현실적이라서다. 지금 당장 자신이 처한 현실을 무시하기 때문이다. 실패의 흔한 변명은 "내일부터 하려고"이다. 이는 "오늘은 하지 않겠다"의 다른 말일 뿐이다. 그러니까 다이어트를 하겠다는 생각이 '현재'를 향하지 않는다.

여기 다른 예도 있다. 한 학생이 영어 공부를 잘하고 싶었다. 그래서 선생님에게 물었다. 어떻게 하면 영어 공부를 잘할 수 있는지를 질문했다. 선생님이 대답했다.

"교과서 중심으로 단어부터 외우렴."

학생은 이것도 이해가 가지 않았다. 그래서 또 물었다.

"어떻게 하면 단어를 외울 수 있죠?"

"교과 진도에 맞춰 노트에 단어를 적으며 외워보렴."

"노트는 어디 가서 사야 하죠?"

"뭐 그런 걸 물어? 그냥 학교 앞 문방구에 가서 사거라."

"학교 앞 문방구까지 어떻게 가야 하죠…?"

결국 선생님이 이렇게 반문했다.

"너 영어 공부하기 싫지?"

계속 이어지는 이 질문들은 진짜로 영어 공부를 잘하고 싶어서 한 것이 아니다. 영어 공부를 하기 싫다는 다른 표현이다. 게으름은 이런 식이다. 자신의 현실을 부정한다. 그 대신 뭐든 자신의 현실과 동떨어져있는 상황들을 찾아 헤맨다.

그렇다면 게으름의 반대편으로 움직이는 방법은 간단하다. 현실에 뿌리를 두면 된다. 지금 여기에서 당장 할 수 있는 일을 하면 된다. 다이어트를 위해서라면 내일 헬스장에 가는 시간까지 기다릴 필요가 없다. 지금 코앞에 있는 야식 대신 생수 500밀리리터 마시고 일찍 자기부터 하면 된다. 영어 공부를 하기 위해 노트 사는 법을 연구할 필요도 없다. 그저 지금 눈앞에 있는 교과 과정부터 한 번에 하나씩 마스터해나가면 된다. 그 이후의 여러 환경은 그때 가서 생각해도 늦지 않는다.

실행 중심으로 주어진 환경에서 시작해야 부지런함을 연습할 수 있다. 부지런함의 길은 현실에 있다. 성경 표현대로 반복하자면, 지금 있는 "한 므나"(눅 19:11-28)에 최선을 다

하면 된다. 거기에 게으름을 피하는 길이 있다.

여섯, 가치 이윤이 남는 방향으로 가라

부지런함은 가치 중심으로 인생을 재정렬시킨다. 가장 가치 있는 일을 위해 상대적으로 가치가 적은 모든 것을 투자한다. 이윤을 남긴다. 자신의 소명과 상관없는 일에 시간과 에너지 혹은 재화 등을 사용하지 않는다. 먹든지 마시든지 무엇을 하든지 다 하나님의 영광을 위해 한다(고전 10:31). 다른 데 사용하는 것은 낭비로 본다.

이에 비해 게으름은 소비 중심이다. 항상 홀라당 다 써버리는 것을 추구한다. 방향이 없어서다. 자신에게 주어진 것들을 그저 내키는 대로 낭비하며 사는 것을 원한다(눅 15:13,14). 무엇을 어디에 어떤 식으로 사용해야 이윤이 남는지를 생각해보지 않는다.

부지런함의 길은 가치와 관련이 있다. 하나님이 그리스도를 주셨다. 이것이 무엇보다 가치롭다. 이를 증폭시키는 데 도움이 되는 일만 한다. 지금 무엇을 소비하든 그것 때문에 그리스도께 어떤 이득이 있는지를 먼저 생각해본다. 환경을 설정한다. 미리 준비한다.

부지런하려면 이런 식으로 가치를 따져보면 된다. 자신이 하고 있는 모든 일에 '그리스도'의 가치를 대조해보라. 목적과 방향성을 살피고, 어떤 열매를 기대하고 하는 일들인지 미리 '계산'해보라(눅 14:28).

일곱, 당장 아무 일도 안 생기더라도 지속하라

한 소설가는 이렇게 말했다.

성공한 사람은 모두 그만큼 노력했다.
_미우라 시온

부지런함에도 같은 면이 있다. 당장 아무 일도 안 생기는 일이더라도 지속하는 노력이 성공을 만든다.

모든 좋은 시도가 다 당장 어떤 결과로 다가오는 것은 아니다. 그리스도를 향해 매일 꾸준히 무엇인가를 지속하는 것 역시 피드백이 느리다. 그래도 멀리 내다보며 작은 일들을 계속 반복하면 된다. 그것이 부지런함에 이르는 길이다.

여덟, 느리게 가라

게으름은 점진적이다. 달리기로 예를 들자면, 한 번쯤 아침 달리기를 빼먹는 것이 바로 질병으로 연결되지는 않는다. 그 '안 하기'를 '지속'할 때에야 점차 체력을 잃어가게 된다.

기도를 빼먹는 것도 그렇다. 누군가를 인내로 마음에 품고 기도하는 것을 한 번쯤 빼먹는다고 바로 큰일이 생기지는 않는다. 다만 '계속' 빼먹어야 어느 순간에 큰 문제가 다가온다.

기도 안 하기를 지속하다 보면, 죄의 유혹에 쉽게 굴복하는 병약한 상태를 향해 마음 방향이 바뀐다. 그러면 기도자 개인부터 변질이 일어난다. 그리스도를 따르려는 믿음과 의지가 점차 연약해지기 시작한다. 그러다가 어느 순간이 오면 살리는 기도는커녕 제 영혼 하나 건사 못 하는 이름뿐인 성도로 전락한다.

앞서 이야기했듯, 부지런함의 길은 게으름에 역행하면 된다. 부지런함도 점진적이다. 이것도 같은 예를 들자면, 아침 달리기를 '한 번' 하는 것은 건강에 도움이 안 된다. 그것을 천천히 지속하며 늘려갈 때 조금씩 건강해진다. 기도도 마찬가지다. 한 번 기도하는 것으로는 살리는 기도자가 될 수 없다. 계속 기도할 때 될 수 있다. 지속할 때에야 그리스도의 살리는 기도에 동화되는 상태가 조금씩 만들어진다.

부지런함은 느리다. 게으름만큼이나 부지런함도 점진적이다 보니 그렇다. 만물이 다 그렇다. 성장은 느리게 진행될 때 밀도가 높고 건강하다. 모세는 소명을 받기까지 80년이 걸렸고, 이후 광야에서 소명대로 사는 것은 또다시 40년이 더 들었다. 너무 느렸다. 그러나 맞는 길이다.

천천히 가라. 먼 훗날 어느 순간, 긴긴 광야 여정을 정리하며 이야기했던 모세와 같은 순간이 오기까지.

아홉, 실패와 위기를 선용하라

게으름은 한 번의 실패 앞에서 모든 것을 끝낸다. 반면 부지런함의 길은 실패 때문에 다음 단계로 나간다. 나는 이에 대해 이미 이야기했던 적이 있다.

"수영을 못한다는 진정한 앎은 물속에서 숨이 깔딱거릴 때 얻을 수 있고, 거기서 새로운 실행이 탄생한다. 그러면 또 다른 실패와 실행이 진행된다. 이런 실패와 실행의 연속이 고수를 만든다"(송준기, 《크리스천 생존 수업》, 81쪽).

부지런함은 게으름과 시선이 다르다. 실패를 실패로 안 본다. 오히려 지혜로 본다. 성공에 한 걸음 더 가까워졌다고 여긴다. 그래서 지속한다. 실패로부터 배우면 지속 가능하다. 게으름을 이기는 길이 여기에 있다. 앞서 나온, 게으름의 열 가지 특징을 만나거든, 매번 바로 그 자리에서 다시 시작하면 된다. 그러면 이긴다.

열, 함께하라

세 겹 줄은 쉽게 끊어지지 않는다(전 4:12). 우리는 교회다. 그리스도와 함께라서 강하고, 그리스도의 사람들과 함께라면 능히 이긴다. 크리스천들은 모여있으나 떨어져있으나 서로 연결되어있다(고전 1:2). 당신의 소명을 그들에게 알리고, 액션 플랜을 공유하라.

　부지런하여 게으르지 말고 열심을 품고 주를 섬기는 또 다른 사람들과 동행하라(롬 12:11). 믿음의 공동체를 무시하거나 떠나지 말고 게으름의 온갖 소욕에 맞서라(잠 18:1). 부지런함의 길을 상호 격려할 동역자 친구들을 일부러 사귀고 그 관계를 소중히 이어가라. 부지런함을 당신의 교회 공동체 안에서 함께 추구하라.

힘을 빼야
힘을 얻는다

•
죽은 자를 살리며
마 10:8

제자 선별 과정 _____

나는 교회 개척자이다. 흔히 선교적 교회라고 부르는 형
태로 지속 중이다. 이 일은 전도로 시작한다. 불신자뿐만 아
니라 신자에게도, 아는 사람뿐만 아니라 모르는 사람에게도
예수님을 전한다(딤후 4:2).

전도의 목적은 제자감을 찾는 데 있다. 성경은 그들을 "합
당한 자"(마 10:11)라고 부른다. 예수님에 대해 듣기 싫어하
는 사람은 제자감으로 합당하지 않다. 복음 전파자를 환영
하지 않는 사람도 합당한 자가 아니다(마 10:14).

전도는 모두에게 하지만, 제자훈련은 아무에게나 하는 것
이 아니다. 제자훈련 과정은 '수동적 성장 코칭'이라기보다는
'능동적 선별 과정'이라야 맞다. 그것이 성경적이며, 상식적인

데다가 효과적이기까지 하다.

예수님을 따르는 길은 모두에게 열려있다. 선교와 구제와 사랑의 사역도 그렇다. 그러나 예수님의 제자가 되는 것이나 교인이 되는 것, 그리고 교회 리더십이 되는 자격 등은 다르다. 누구에게나 열려있는 과정이 아니다.

성경을 보라. 예수님의 열두 제자도 모두가 예수님을 따랐던 것이 아니었다. 그들 중 하나는 제 직무를 버리고 스스로 다른 길로 갔다(행 1:25).

초대교회에서도 모두가 예수님의 제자였던 것은 아니다. 아나니아와 삽비라는 교회를 속이다 죽었다(행 5:1-11). 심지어 교인이 되는 것 자체도 박해와 죽음을 통과해야 가능했다(딤후 3:12).

그게 다가 아니다. 교회의 일을 하는 사람은 심지어 더 높은 수준을 요구 받았다. 모두에게 거의 모든 면에서 모범이 되는 탁월한 사람이어야 했다(딤전 3장).

성경과 지금 교회의 모습이 다른 경우가 많다고 해서 성경이 틀린 것이 아니다. 제자감을 선별하는 과정은 이런 면에서 성경적이다.

제자 선별은 상식적 과정이다

제자감을 선별하는 것은 두 가지 측면에서 상식적이다.

첫째, '선교적 교회'라는 측면에서 그렇다.

선교적 교회는 주일예배 한 시간 동안 최대한 많은 사람을 한 공간에 앉혀놓아야 한다는 사명이 없다. 그 대신 제자화 하려는 사명이 있다. 교회의 성장과 확산 역시 제자화를 통해서다. 선교적 교회는 대그룹 모임 회중에 대한 획일적 관리 시스템이 아니다. 그 대신 한 번에 한 영혼씩 제자화 하려는 사람들의 네트워크다.

이런 교회는 모든 성도가 제자화를 진행한다. 각자의 삶의 현장에서 복음 전파를 한다. 제자화 하려는 사람들에게 리더십이 있고, 제자화 하지 않으려는 사람은 교회 문화에서 뒷전이 된다.

선교적 교회의 독특한 제자화 문화는 제자화 하는 사람이 결정한다. 이것은 저마다 전도의 과정에서 제자감을 스스로 '찾아내야' 한다는 공통 열의와 행동이다. 제자감은 어중이떠중이가 아니다. 예수님께 관심 없지만 다른 이유로 교회 모임에 앉아있는 사람은 제자감이 될 수 없다. 그는 오히려 선교적 교회의 전도자가 자신의 인생을 바쳐 함께 '지내야' 하는 대상이다(마 10:11). 소명자의 시간과 에너지다. 제자화 되기 싫다는 사람에게 낭비할 수 없이 소중하다. 이런 제자화 과정을 통해 한 세대에서 다음 세대로 영혼의 번식이 일어나야 선교적 교회가 선다.

둘째, 학문 기관을 포함한 일반 사회조직 어디서도 상식이다.

예를 들어, 어떤 이가 자전거 동호회에 나간다고 가정해보자. 그러나 그가 자전거만은 타기 싫어한다면? 오히려 자전거 라이딩 모임 때마다 나가서 뜨개질을 하고 있다면? 동호회의 다른 회원들이 자신의 자전거를 내려놓고 그때부터 뜨개질을 함께할까? 아니면 신입 부원 입맛에 맞추어 자전거 라이딩 계획을 수정할까? 자전거를 타는 대신 함께 뜨개질에 대해 대화하는 시간을 갖기라도 할까?

어느 사회나 해당 문화가 있다. 그 문화가 그 사회를 대변한다. 어느 사회에 새로 들어가려면 그는 기존 문화를 인정하는 사람이어야 한다. 동호회뿐만이 아니다. 대학교 진학만 해도 그렇다. 대학마다 모집 요강이 있고 지원자들은 그에 맞춰 준비한다. 어느 대학이든 그 대학의 기준에 맞지 않는 학생을 데려다 수업에 앉혀놓는 법이 없다. 그런 신입생이 많아진다면 그 대학의 학풍이 무너질 것이다.

군대나 기업도 그렇다. 자신의 기준을 제시하며 그에 걸맞은 사람만 선출한다. 이것은 대단하지도 특별한 것도 아니다. 단지 상식이다. 어느 부대가 자신들의 복무 신조를 반대하거나 싫어하거나 동화되지 않으려는 병사를 환영하겠는가? 어느 회사가 설립 이념을 거부하는 신입사원을 받아들이

겠는가?

어느 사회에 갖다 대도 입단을 위한 선별은 상식이다.

제자 선별은 효과적 과정이다

제자감을 선별하는 과정은 효과적이다. 인간은 기본적으로 사회적이다. 끼리끼리 모인다. 기본 구성원이 누구인지가 그 사회 문화를 결정하고, 이것으로부터 확장된다. 만약 교회가 교회를 하지 않겠다는 사람들에게 집중한다면 오히려 비효과적이다. 이미 선교적 교회를 이뤄가며 인생을 이에 바쳐 헌신한 사람들의 시간과 에너지도 함께 흩어진다. 그들의 삶은 고스란히 본인의 소명, 그리스도와 제자화에 집중돼야 마땅하다.

교회의 핵은 예수님이다. 그분께 집중했거나, 집중하기로 선언한 사람들의 모임이다. 흔들리는 바다 위로 걸어오시는 예수님을 '유령'으로 오해하면 혼나야 하고, 바다 위를 걸으면서도 하필 예수님이 아닌 바람을 쳐다보면 물에 빠져야 마땅하다(마 14:26-30).

조금 전까지 예수님만이 그리스도시라는 신앙고백을 해놓고, 뒤이어 예수님의 길에 조금이라도 방해가 되는 말을 한다면 사탄 소리를 들어도 마땅하다(막 8:33).

모두에게 복음을 전해야 하고 누구에게나 구원의 기회를

열어놓는 것이 맞다(벧후 3:9). 그러나 또 다른 편에서는 교회를 할 사람들을 가려내야 하는 것도 맞다(눅 10:1-16).

교회는 교회를 할 사람들을 '선별'하는 훈련 과정을 제시해야 한다. 싫다는 사람들을 '뒤에서' 쫓으면 안 된다. 모범을 '앞에' 세워 따르도록 디자인해야 맞다. 제자 중심으로 나머지를 재정렬해야 스스로 제자화 하는 사람들이 주류가 된다. 제자화 문화가 생긴다. 그래야 자발적 확장이 일어난다.

제자화를 통한 확장은 한 사람씩 더하는 수준이 아니다. 곱하기의 개념으로 늘어난다. 한 사람이 일 년에 한 명씩 전도해서 교회에 앉혀놓는데, 그들 중 아무도 그 교회를 떠나지 않았다고 치자. 그러면 첫해에 365명, 두 번째 해에는 730명… 이런 식으로 16년이 지나면, 5,840명이 된다.

한편, 4세대 제자화를 한 사람이 일 년에 2명씩만 전도한다고 가정해보자. 그러면 첫해에는 본인까지 3명, 두 번째 해는 9명, 세 번째 해는 27명… 이런 식으로 16년이 지나면 4304만 6,721명이 복음화 된다(송준기, 《끝까지 가라》, 114-116쪽).

죽은 자들이 그들의 죽은 자들을 장사하게 하고 너는 나를 따르라 마 8:22

살리는 능력의 부재

선교적 교회 개척 9년 차다. 나도 매일 전도의 일을 한다. 그러다 제자감으로 합당한 자를 만나게 되면 한 번에 한 영혼씩 돌보며 '함께' 지낸다. 교회가 개척될 때까지 시간을 '함께' 보낸다.

나의 업무는 확실하다. 영적 곡식 창고를 지어놓고 "곡식들아, 다 이리로 들어오너라!"라고 소리치는 것은 나의 업무가 아니다. 오히려 영적 농부가 되어 들판으로 부지런히 달려나가 손발에 흙을 묻히며 영적 작물을 심고 가꾸어야 한다.

들판 제자화 업무의 기한은 세 가지로 볼 수 있다.

첫째, 궁극적으로는 추수 때까지다(벧후 3장). 그리스도께서 다시 오시는 그날까지 지속한다.

둘째, 개인적으로는 죽을 때까지다. 그리스도의 이름이 모든 민족에게 전파되는 일에 죽는 날까지 헌신하는 것이 소명이다(마 24:14 ; 딤후 4:1-8).

셋째, 원칙적으로는 4세대까지다. 제자의 영적 생명력은 세대 전이를 통해 증명된다. 나(1세대)의 제자(2세대)의 제자(3세대)가 또 다른 제자(4세대)를 낳기까지 퍼져나가는 것이 목표다(딤후 2:2).

이처럼 궁극적, 개인적, 그리고 원칙적으로 제자화를 진행하려면 일단은 제자를 낳고 길러야 한다. 그런데 문제가 있다. '해야 한다'와 '할 수 있다' 사이의 간격이 너무 크다.

전도해도 듣는 사람이 거의 없다. 간신히 찾은 제자감도 대부분 4세대까지 생명력을 이어가지 못한다. 나의 신앙을 들여다보면 세대 전이는커녕, 단 한 명이라도 제대로 제자화할 수 없을 것만 같다.

하루하루 어려운 삶의 현장에서 산다. 온갖 문제와 마주하며 날마다 죽음의 그림자들과 싸우며 살기 바쁘다. 누가 제자화를 통해 교회를 세워야 함을 모르겠는가? 안다. 그러나 성경적 당위성과 내 능력 사이가 너무 멀기만 하다.

생명력의 출처가
내가 아니다.

내가 아는 것들이 내 본모습이 아니다. 맺는 열매가 내 진짜 모습이다. 주변을 둘러보면 나는 오히려 영적 불임 상태와 같다. 복음을 제대로 전하지도 못할뿐더러, 때로는 하나님이 기껏 붙여주신 영혼을 잃어버려 영적 낙태 같은 일을 해대는 죄인 중의 괴수다(딤전 1:15).

생명은 내 것이 아니다. 생명은 완전히 주님 소유다. 제자를 낳고 기르는 데 들어가는 모든 능력이 100퍼센트 온전히 주님께 있다. 그러므로 제자화와 선교적 교회 개척은 주님의 일이다.

이것을 깨닫는 데 9년이 걸렸다.

내 이야기다.

혼전 동거를 지적한 꼰대

한번은 이런 일이 있었다. 자다 깼다. 내가 해야 할 기도가 더 있는 것만 같았다. 기도 노트를 펼쳤다. 한 사람씩 이름을 불러 기도했다. 그러나 동민(가명)이의 이름에서 기도가 멈췄다. 대학로에서 자취 중인 예술가 청년이었다. 인간적으로 많이 아끼는 애제자였다. 계속 그를 위해 더 기도해야 할 것만 같았다. 가슴이 너무 뜨거웠다. 마음에 영혼 살리고자 하는 열정이 가득했다.

동민이는 지방의 한 교회 청년부에서 연애 문제로 상처받고 뛰쳐나온 형제였다. 그 이후로 상경해 4년을 방황 중, 나와 우연히 만나 복음을 다시 듣게 된 형제였다.

당시 동민이는 여자친구와 함께 살고 있었다. 대학로에서 부모님 몰래 동거 중이었다. 다행히 그는 복음을 귀담아들었고 회개했다. 혼인을 귀히 여기라는 말씀에 순종하기로 했다 (히 13:4). 말씀에 맞지 않는 결혼에 대한 자신의 철학을 부인하고 헤어짐의 십자가를 지기로 했다(마 16:24). 그리고 다시 예수님을 뜨겁게 만나 회개하며 함께 제자화 모임을 시작한지 겨우 1달 된 녀석이었다. 동민이는 합당한 자였다.

어느 날 밤이었다. 출처 없는 불안감에 잠이 깨어 시계를 보니 새벽 2시였다. 기도 중 동민이 생각이 많이 났다. 그래서 그를 위해 더 기도하는데 뜬금없는 생각이 들었다. 계속 동민이가 누군가와 동거를 또 시작했다는 생각이었다. 기도할수록 사실 같았다.

나는 마음이 조급해졌다. 그 녀석에게 죽을 일이란, 그에게 가장 익숙한 죄의 영역에 있었다. 결혼을 무시하고, 자신이 예전에 받은 상처를 되풀이하는 일.

이제 간신히 새로운 생활을 시작했는데, 다시 예전으로 돌아가는 것 아닌지 싶어 나는 조마조마했다. 기도에 집중이 잘 안 되었다.

지금 생각해보면, 욕심 때문이었다. 동민이가 죄를 벗고 다시 믿음으로 살아나게 하려는 욕심. 그를 살리고 싶다는 욕심. 그를 살릴 힘이 내게 있다는 욕심. 내게 이런 욕심이 없었다면 그저 더 기도하고 나중에 대화했을 것이었다. 그러나 욕심이 기도를 이겼다.

나는 기도를 멈췄다.

그 대신 카톡을 했다.

"자냐?"

새벽 두 시 반. 카톡 옆의 1자가 바로 사라졌다. 그가 톡을 확인했다. 그러나 답장이 없었다. 나는 못 참고 결국 이렇게 다시 문자를 보냈다.

"너 혹시 또 동거 시작이냐?!"

이번에도 동민이는 바로 읽었다. 그러나 이것에도 답을 안 했다. 감이 확신으로 바뀌는 순간이었다. 나는 결국 일어났다. 주께 살려달라고 기도하는 대신, 내가 직접 살리러 출발했다.

옷을 대충 걸치고 차 키를 챙겼다. 주차장에 들어섰다. 길고양이 한 마리가 음식물 쓰레기통을 뒤지고 있었다. 나는 차 시동을 걸었다. 동민이의 집으로 달렸다. 가는 내내 불안했다. 그래서 기도하지 않았다. 불안이 기도를 이겼다.

도착하자 새벽 3시였다. 동민이 자취 집 앞 골목에 차를 세웠다. 좁은 언덕 위 가로등 아래 섰다. 거기서 나는 전화를 했다. 벨 울리는 소리가 자취 집 안에서 희미하게 새어 나왔다. 집 앞이라는 소리에 놀란 동민이가 파자마 바람으로 나왔다. 그 녀석 등 뒤로 현관이 언뜻 보였다. 잠깐이었지만 신발 한 켤레가 눈에 들어왔다. 분홍색 나이키 운동화였다.

그것은 여자 신발이었다. 나는 화가 났다. 내가 직접 살리려고 하니 내 감정이 앞서서 그랬다. 갑작스런 목사님의 등장에 동민이는 난처했다.

"동민아! 너 나랑 약속했지? 그리고 회개했잖아? 그런데 이게 뭐야?"

늦은 시간, 문 앞 대화는 오래 이어지지 않았다. 나는 꼰대 같았다. 지적만 하고 돌아왔다. 돌아오는 길은 짧았다. 내 집 주차장은 어둡고 조용했다. 동틀 때까지 침상에서 뒤척였다. 후회가 되었다. 갑자기 찾아가서 지적하는 것은 동민이를 살리는 일이 아니었다. 그의 죽을 일에 전혀 도움이 안 되는 행동이었다. 내 실수였다. 그저 더 기도하며 하나님께 살려달라고 했어야 했다.

그 이후 동민이는 제자화 모임에 더 이상 나오지 않았다.

힘 빼기의 아이러니

벌써 5년도 더 된 일이다. 그때 교훈이 내게 크다. 나는 살리려 들지 말았어야 했다. 살리는 일은 내 일이 아님을 그때 알았어야 했다.

살리는 일의 비밀을 배워야 살고, 살린다. 무능함이 사실이다. 내게 살리는 힘이 전혀 없음이 진실이다. 거기에 아이러니가 있다. 맡은 일은 큰데, 그에 비해 너무 힘이 없다. 살리는 일을 하는 사람에게 살리는 능력이 없다. 다만 주님만이 능력자시다.

살리는 것은 오로지 주님의 일이다. 그러므로 살리는 기도자는 살리려 들지 말고 살려달라고 기도해야 한다. 이것은 말장난이 아니다. 살리는 기도의 진정한 작동 원리다.

둘러보면 힘 빼기의 아이러니는 도처에 있다. 힘 빼고 던져야 스트라이크다. 힘 빼고 찍어야 장작도 잘 쪼갠다. 힘 빼고 봐야 시험도 잘 본다.

제자화 사역자는 살리는 기도를 해야 한다. 그때 살리려는 힘을 빼야 살린다. '힘 빼고' 주님 능력 의지해야 살린다. '힘 빼고' 기도해야 살린다. '힘 빼고' 만나야 살린다. '힘 빼고' 대화해야 살린다. '힘 빼고' 전해야 살린다.

반복해도 부족한 말이다.

힘 빼야 살린다.

> 거룩한 자는 아무것도 하지 않음으로 존재하고, 말하지 않는데 가르친다(聖人處無爲之事, 行不言之敎).
>
> _노자, 《도덕경》

살리는 기도자가 이와 같다. 아무것도 안 하는데 동시에 모든 것을 할 수 있어야 한다. 아무 말도 없어야 하는데 동시에 모든 것을 가르치는 존재여야 한다.

힘주어 행하면 살리는 기도자가 아니다. 자기 힘으로는 아무것도 살릴 수 없음을 알고 철저히 하나님의 살리시는 능력을 의지함이 모든 언행에 녹아있어야 살린다.

자기 부인

'힘 빼고'를 성경으로 표현하자면 '자기 부인'이다.

생명의 원천인 주께서 생명 없는 우리에게도 생명의 일을 부탁하셨다(마 28:19,20). 그분은 고양이에게 생선을 맡기듯 무능력한 우리에게 살릴 영혼들을 맡기셨다. 그러니 우리는 생선과 거리를 두는 것과 같은 '자기 부인'을 해야 맞다(막 8:34). 교회가 교회 되게 하는 핵심인 '생명력'을 향한 욕심을 버리는 자기 부인을 해야 한다.

살고 살리는 일에는 우리 역할과 하나님의 역할이 구별되어있다. 생명의 근원 되신 하나님께 기도로 나가는 것이 우리의 역할이다. 어떤 생명력도 역사도 내 것이 아니고, 교회 됨의 어떤 능력도 내 것이 아니다. 살리는 기도자는 그저 아무것도 아니다. 존재감이 없으므로 그 자리에서 하나님의 생명력이 발한다.

사람 살리기 위해 무엇을 해야 하는지는 결코 모호하지 않다. 아무것도 안 해야 살린다. 성령께서 살리는 기도자에게 필요한 모든 구원의 일을 성경에 이미 기록해두셨다(딤후 3:15-17). 거기 살리는 일이 하나님의 역할이라고 분명히 나온다.

영적 곡식들은 하나님께서 자라게 하신다(고전 3:7). 성장과 결실의 생명력을 주는 것은 기도자의 일이 아니다. 하나님이 열매 맺게 하신다. 거기서 기도자의 역할이 있다면 단지 심고 물 주는 것뿐이다(고전 3:6). 자라나게 하는 생명력은 주의 것이니, 다만 기도하는 가운데 '힘 빼고' 심고 가꾸는 것만 하면 된다. 살든지 죽든지 자신의 '힘 빼고' 주께서 맡기신 일만 묵묵히 하면 된다.

바빠도 게으른 것

힘 빼고 심고 가꾸기. 그 역할 이상 욕심을 내면 언뜻 열정 있어 보인다. 새벽 2시든 3시든 차를 몰아 심방 가는 것은 자칫 부지런해 보일 수 있다. 그러나 실상은 반대다. 게으름이다.

농부가 추수 때 물고기 잡느라 바쁘면 그는 바빠도 게으른 것이다. 살리는 기도자도 마찬가지다. 자신이 맡은 일로 바빠야 부지런한 것이다.

우리는 '심고 가꾸기'를 맡았다. 그 이상을 하려는 태도는 욕심이자 게으름이다. 혹시 자신이 맡은 일을 보며 "하나님의 동역자"(고전 3:9)라고 불리기에 너무 하찮다고 생각한다면 조심해야 한다. 자칫 잘못하면 거룩한 일 때문에 버림받을 수 있다(마 18:6, 고전 9:27).

진리는 완벽해서 우리의 생각을 밀어 넣을 틈이라고는 전혀 없다. 좌로나 우로나 치우치지 않고 말씀을 말씀대로 실행하는 것이 우리가 살 길이다(신 5:32).

진짜 중요한 일은 하나님이 다 하신다. 하나님의 사역에 비하면 우리가 하는 일은 아무것도 아니다(눅 17:7-10). 아무것도 아닌 상태면 충분하다. 성경대로 하면 된다.

하나님의 소유, 제사장 나라, 거룩한 백성

힘 빼기의 달인들이 있다. 그중 하나가 모세다. 광야에서만 40년간 살려야 하는 사람들에게 시달리며 힘 빼는 일을 했다. 살려야 할 영혼은 한둘이 아니었다(민 11:21). 그들은 매번 모세를 애먹였다. 홍해에 가로막혔을 때도 원망했고(출 14:11), 홍해를 건넌 직후의 찬양(출 15:1-21)도 잠시, 바로 물 달라 음식 달라 원망했다(출 15:22-16:3). 물 원망은 한 번도 아니었다(출 17:1-7).

그럼에도 불구하고 하나님은 모세를 통해 홍해를 갈라주셨고, 눈앞에 구름기둥과 불기둥을 보여주셨고, 먹을 것을 내려주셨고, 물이 솟아오르게 해주셨고, 전쟁에서 이기게도 해주셨다.

모두,
하나님이 하셨다.

출애굽 백성들은 하나님이 누구시고 자신들이 그 하나님께 어떤 존재인지 배워가는 중이었다. 그들에게 하나님이 말씀하셨다.

세계가 다 내게 속하였나니 너희가 내 말을 잘 듣고 내 언약을 지키면 너희는 모든 민족 중에서 내 소유가 되겠고 너희가 내게 대하여 제사장 나라가 되며 거룩한 백성이 되리라 출 19:5,6

이 말씀을 들었던 이스라엘은 새 정체성을 부여받았다. 세 가지였다.

먼저, 그들의 신분이 바뀌었다. 하나님이 "내 소유"라고 하셨다. 노예 집단이 하나님의 것으로 승격했다. 하나님보다 능력이 적은 한 누구도 함부로 할 수 없는 강력한 존재가 되었다.

또한, 사명이 바뀌었다. 지난 400년간 이집트를 섬겼다. 그러나 하나님이 "내게 대하여 제사장 나라"라고 부르셨다. 이제 이스라엘은 하나님을 섬기는 집단이자 새로운 나라가 되었다.

끝으로, 그들의 삶의 방식 또한 바뀌었다. "거룩한 백성이 되리라"라고 하셨기 때문이다. 이집트를 포함한 광야 어떤 민족과도 구별된 생활 패턴이 새로 생겼다. 그것은 거룩함이다. 하나님의 소유로 구별된 사람들다운 행동 양식을 가져야 하는 민족이 되었다.

한편, 본문에 나오는 "내 소유"의 성경 원어는 '세굴라'(סְגֻלָּה)이다. 이것은 '보물 중의 보물'이라는 뜻을 가진 말이었다. 하나님이 그들을 세굴라로 불러주셨다. 온 세상이 다 창조주의 소유물이지만, 출애굽 백성들은 그중에서도 더욱 소중한 존재가 되었다.

이것은 구약 전체에 반복 등장하는 하나님의 사랑 표현 언어였다. "보배로운 백성"(신 26:18), "특별한 소유"(시 135:4), "내가 아끼는 백성"(말 3:17), "나의 눈동자"(신 32:10 ; 시 17:8)….

하나님을 만나면 자신이 누구인지 알게 된다. 모세가 그랬다. 그는 세굴라가 누구인지 백성들보다 먼저 배웠다. 하나님이 자신을 소중히 대하시는 모습을 봤다.

하나님이 먼저 모세를 건지시고 참으셨다. 그분은 가장 좋은 것을 주실 때도 모세와 대화하시고 주셨다. 하나님은 한 번도 모세를 강압하거나 쇠사슬로 묶어 질질 끌고 가는 법이 없으셨다. 일일이 설득하셨다(출 3,4장). 그런 하나님께서 이스라엘 전체를 '세굴라'로 불러주심이 모세의 입을 통해 전해졌다.

힘 빼기의 아이러니

출애굽 백성들, 세굴라에게 살 길이 열렸다. 생명의 근원 되신 하나님의 소유가 되었으니 어떤 죽음의 세력도 그들을 죽일 수 없었다. 이스라엘은 이제 가만히 있기만 하면 되었다. 진짜 아무 일도 안 한다는 뜻이 아니다. 그저 힘 빼면 되었다. 가만히 하나님이 하라는 대로 따르기만 하면 살 일이었다.

그러나 백성들은 힘 빼기에 연거푸 실패했다. 계속 목에 힘주며 모세와 하나님 원망하기를 반복했다. 하나님의 세굴라가 하나같이 세굴라이기를 거절하는 말들만 뱉어댔다(출 14:11 ; 16:2 ; 17:3).

심지어 원망 끝에는 적극적으로 우상을 세워 섬기는 일까지 저질렀다(출 32:1-6). 하나님을 거부하는 일로 그들은 힘 주어 하나가 되었다.

힘이 들어간 그들은 우상숭배로 가라앉고 있었다. 죄의 바다에 빠져 허우적거리는 그들 앞에 소명자가 일어났다. 모세는 살리는 일을 지속했다.

힘 빼기의 아이러니에 대해 모세는 잘 알았다. 그 자신에게는 살리는 힘이 전혀 없었다. 하나님의 세굴라를 살리려면 그 소유주이신 하나님이 직접 일해주셔야 했다.

살리는 일에 전혀 어울리지 않는 사람이 누구보다 자기 자신이었다. 이에 대해서는 앞서 떨기나무 아래서 하나님과 충분히 대화한 모세였다. 자신도 가시떨기 앞에서 만난 하나님의 설득 앞에 계속 "No"라고 반복했다(출 3:11,13 ; 4:1,10,24). 모세도 세굴라이길 거부하는 이스라엘과 별 차이가 없는 행동을 보였다. 그러나 하나님은 모세를 참으시며 살려주셨다. 창조주의 부르심을 일관되게 거절하는 자를 죽이지 않으셨다. 순종하도록 인내하며 안내하셨다.

하나님은 모세 살리시길 반복하셨다. 어려서부터 죽다 살기를 반복한 모세였다. 태어나서도, 중년 때도, 그리고 인생다 산 것 같았던 나이 80에도 죽다 살았다(출 4:24-26).

힘주고 살 것 없는 인생이었다. 그는 권력과 핏줄 변방으로 쫓겨나 근근이 하루하루 지내던 한낱 노인이었다. 하나님과 함께 숱한 죽음을 지나온 모세였다.

그런 자가 죽을 백성들 앞에 섰다. 살리는 일을 맡았으나 그 일에 무능한 모세는 힘줄 것이 없었다. 그는 힘 빼고 하나님께 나갔다. 이집트 노예살이만 400년 하고 있던 핏줄 살리러 갔다.

자신의 일이었으나 자신의 일이 아닌 아이러니를 떠안고 섰다.

거기서 모세가 살리는 기도를 드렸다.

슬프도소이다 이 백성이 자기들을 위하여 금 신을 만들었사오
니 큰 죄를 범하였나이다 그러나 이제 그들의 죄를 사하시옵
소서 그렇지 아니하시오면 원하건대 주께서 기록하신 책에서
내 이름을 지워버려주옵소서 출 32:31,32

모세는 믿었다. 자신을 죽이지 않으신 하나님이 그들도
죽이지 않으실 것을 믿었다. 앞서 애굽 땅에서 인도해내신 하
나님이 그들을 용서하시고 살리실 것을 믿었다(출 32:11-13).

이후로도 모세의 기도는 같은 방식으로 진행되었다. 그의
살리는 기도에는 살리려는 욕심이 없었다. 그러나 자신의 목
숨을 걸고 기도했다.

하나님은 모세의 기도에 매번 응답하셨다. 광야를 통과하
며 이스라엘은 죽기도 하고 살기도 했다. 죽음은 죽을 일로
찾아왔고 하나님이 결정하셨다. 살려주시는 일 역시 하나님
께서 행하셨다.

이는 죽을 백성들이 스스로 기도하며 회개했기 때문이 아
니었다. 그렇다고 살리는 기도자 모세에게 살리는 능력이 있
어서도 아니었다. 오직 하나님께서 살려주셨기 때문이었다
(출 32:14).

그들은 언제 원망했는가?

신약 교회도 출애굽 백성들과 비슷하다. 우리 역시 출애굽 백성들과 같은 문제를 겪고 있다. 자꾸 힘이 들어가는 것이 문제다. 힘 빼면 하나님의 구원을 받아들일 텐데, 그러지 않고 자신의 생각을 더 주장하며 원망하니 매번 어렵다.

그 내용을 보면 대단치도 않다. 구원에 비해 터무니없이 하찮다. 인생의 홍해 앞에서 두려워하고, 음식이 없다, 물이 없다, 이것이 모자르다, 저것이 부족하다며 원초적 호소로 떠들썩하다.

하나님의 영원한 구원은 거절하고 그 대신 일시적 본능을 택한다. 출애굽 백성들이 40년 동안 반복 원망한 상황과 같다. 그 유형은 크게 네 가지다.

적들의 위협 앞에 두려워서 원망

처음엔 원망이 없었다. 어안이 벙벙했다. 열 가지 재앙을 뒤로하고 탈출했다. 모든 것이 하나님의 말씀대로였다. 이번에도 말씀을 따랐다. 그 결과 광야에 간히는 꼴이 되어버렸다(출 14:3). 고센에서 가나안까지 해안 도로 따라 올라가면 될 일이었다. 그러나 말씀은 그들을 홍해 앞으로 이끌었다. 앞으로 가면 빠져 죽고, 뒤돌아 가자니 이집트의 철병거 600대가 죽이려고 뒤쫓고 있었다(출 14:7). 진퇴양난에 빠졌다.

말씀대로 하면 살 줄 알았더니 이게 뭔가 싶었다. 그들은 힘 빼기에 실패했다. 곧 목에 힘주어 이렇게 외쳤다.

> 그들이 또 모세에게 이르되 애굽에 매장지가 없어서 당신이 우리를 이끌어내어 이 광야에서 죽게 하느냐 어찌하여 당신이 우리를 애굽에서 이끌어내어 우리에게 이같이 하느냐 출 14:11

그들은 원망하며 "애굽"을 반복해 언급했다. 하나님의 구원은 미래, 곧 보이지 않는 곳에 있었다. 한편 그들 눈에 보인 것은 자신들의 과거였다. 말하자면 그들은 가능성에 대한 긍정적 검토조차 없었다. 다만 경험에 대한 새로운 해석을 택했다.

원래 애굽에서도 죽을 일투성이었다. 그저 노예살이가 다가 아니었다. 애굽에 살면서 태어나는 아이들은 왕명으로 죽임을 당하기까지 해봤다. 노역은 갈수록 심화되었고, 의도적인 정치 박해를 당했던 그들이었다. 그런데 이제 와서 과거에는 살 길이 있었던 것처럼 해석하며 원망해댔다(출 14:11,12). 400년간의 노예살이도, 열 가지 재앙을 통해 본 하나님의 위엄도, 유월절 저녁때의 그 조마조마함도 깡그리 잊었다. 하나님의 구원을 무시했다. 그들은 하필 세굴라였다. 세상 누구보다 하나님의 구원에 가까운 자들이 바로 그 구원자를 공격했다.

그들은 이제 죽을 일만 남았다.

그러나 하나님은 그들을 죽게 두지 않으셨다. 세굴라는 자신들의 정체성을 잊었어도 하나님은 전혀 잊지 않으셨다. 그들을 극적으로 살리셨다. 바다가 갈라져 마른 땅을 함께 건넜으며, 애굽의 정예는 다 수장되었다(출 14:21-30).

원망에 걸맞지 않은 결과가 주어졌다. 죽을 죄를 짓는 백성들을, 죽일 심판자께서 죽이지 않으셨다. 오히려 살리셨다. 이 일에 하나님은 한 사람을 먼저 살리시고, 쓰셨다.

죽음과 생명 사이에 살리는 기도자, 모세가 있었다. 그는 원망과 구원 사이에 기도로 다리를 놓았다. 세굴라의 원망 앞에 모세는 믿음의 선포와 함께 하나님께 부르짖었다(출 14:13-15). 하나님은 모세의 기도 이후에서야 홍해를 가르고 그들을 살리셨다. 거기다 거대한 승리마저 안겨주셨다.

배고파서 원망

홍해를 건넌 스토리를 요약하자면 이거다. '죽음 – 원망 – 살리는 기도 – 생명.' 이 패턴은 다음 원망 장면에서도 이어진다.

처음에 그들은 원망치 않았다. 홍해를 건넌 직후에는 찬양했다(출 15:1-21). 원망은 온데간데없었다. 원망의 대척점에서 하나님을 높여 불렀다. 구원의 하나님을 향한 찬송으로 온 이스라엘이 하나 되었다.

그러나 이 예배는 얼마 못 갔다. 수르 광야로 들어가면서 이내 원망이 다시 고개를 들었다. 불과 3일 만이었다(출 16:2).

이번에는 물이 써서 그랬다(출 15:23). 성경에는 그들이 '원망'했다고 반복 지적한다(출 15:24). 물이 부족한 것만도 죽을 수 있는 일인데, 그 상황에서 유일한 구원자를 원망하는 것은 더더군다나 죽을 일이었다. 아니, 반드시 죽을 '죄'였다.

이번에도 하나님은 기도자를 쓰셨다.

먼저 모세가 부르짖었고, 하나님은 그 후에 살리셨다.

하나님은 모세를 통해 살리셨을 뿐 아니라 살 말씀도 주셨다. 법을 정하시고 시험하신다고 하셨다(출 15:25). 그 법이 답이었다. 답대로 따르기만 하면 죽을 일 없을 것을 말씀하셨다(출 15:26). 물론 물과 먹을 것도 함께 주셔서 살리셨다(출 15:27).

이제는 원망을 멈출 수 있었을 것이었다. 말씀 안에 정보가 다 들어있었다. 앞으로는 본능 충족이 안 되어도 "그것은 시험이다"라는 지식이 있으니 안전했다. 아는 대로 행하기만 하면 되었다. 광야 여정은 답이 나와있는 시험이었다. 다음 시험은 원망 대신 감사와 찬양을 하며 잘 통과할 수 있었으리라.

벌써 받은 증거도 한둘이 아니었다. 이집트에서부터 계속 만났던 구원이 한둘이 아니었다. 하나같이 다 기적적이었고, 하나님의 일하심이 분명했다.

그러나 실망스럽게도 이스라엘은 다시 원망을 시작했다. 성경은 이번에도 그들의 '원망'을 반복 지적한다.

이스라엘 자손 온 회중이 그 광야에서 모세와 아론을 원망하여 출 16:2

이번 원망 내용도 크게 다르지 않다. 원초적 욕구 때문이었고, '애굽'을 또 들먹였다. 힘 빼고 주님 따라야 할 세굴라가 정확히 구원자를 힘주어 반대했다. 먹을 것이 아예 없는 것도 아니었다. 그저 부족했을 뿐이었다(출 16:3). 원망해버렸으니 이번 시험도 낙제였다. 하나님께서 다시 모세를 통해 그들에게 말씀을 선포하셨다. 그리고 하늘에서 양식을 비처럼 내리셨다(출 16:4). 그 이유도 천명해주셨다. "여호와께서 너희를 애굽 땅에서 인도하여내셨음을 알게 하시려고"였다 (출 16:6).

원망했으나 또 한 번 안 죽고, 살았다.

목말라서 원망

한두 번이 아니다. 매번 죽다 살았다. 원망은 아무 소용이 없었다. 가나안은 코앞이었고 하나님의 능력은 거대했다. 죽을 일 만나면 유일한 구원자가 애굽이 아니라 하나님이심을 믿고 의지하기만 하면 끝날 여행이었다.

그러나 이 백성들은 학습 효과가 없었다. 이번에는 마실 물이 없었다(출 17:1). 뻔했다. 이것은 시험이라고 이미 다 알려주셨고, 시험 답안은 "구원자가 하나님이시다"였다. 랜덤 퀴즈도 아니고, 처음 보는 문제도 아니었을뿐더러, 아예 답을 알려주시고 치른 시험이었다. 이 시험만 통과하면 졸업할 여정이었다.

그러나 원망 패턴이 반복되었다. 그들은 다시 '원망'했고, 모세는 다시 '부르짖었고', 하나님은 다시 살려주시며 말씀도 전해주셨다(출 17:2-7).

원망 끝에 또 한 번 죽다 살았다.

왜 힘 빼기를 못했던 것일까? 이 뻔한 문제와 답을 왜 매번 틀리는 것일까? 다른 존재도 아니다. 하나님의 소유 중의 소유, 보배 중의 보배 세굴라가 그랬다. 그들이 죽을 일 앞에서 하나님의 구원을 호소하는 대신 원망을 택했다. 매번 그랬다. 수십 년 동안 변함없이 힘이 들어가있었다. 계속 목이 뻣뻣했다.

같은 패턴을 반복해서 책에 쓰려니 내가 다 힘이 빠진다. 그냥 마지막 장면으로 건너뛰겠다.

죽음 – 원망 – 살리는 기도 – 생명, 또 죽음 – 원망 – 살리는 기도 – 생명… 그렇게 반복하며 광야를 거쳤다. 이제 가나안 입구에 출애굽 백성이 섰다. 조금만 더 가면 가나안 입성이었다. 하루 이틀이 아니었다. 자그마치 40년이었다. 이 여정의 끝에 또 한 번의 시험이 기다리고 있었다.

마음이 상해서 원망

백성이 호르 산에서 출발하여 홍해 길을 따라 에돔 땅을 우회하려 하였다가 길로 말미암아 백성의 마음이 상하니라 민 21:4

이번 시험은 마음이 상하는 상황이었다. 짧은 길 놔두고 3,4배 더 멀리 돌아가는 여정이 문제였다. 성경을 펼쳐 든 내가 다 조마조마하다.

'이번에는 정말 거의 마지막이다. 가나안이 코앞이다. 이번 시험은 절대 낙제하면 안 된다. 한 번이라도 원망 말고 정답

을 낼 때가 되었다. 제발 이번에는 원망 말고 다른 답을 말
하길….'

기대를 품고 다음 구절을 한쪽 눈 질끈 감고 쳐다보았다.

백성이 하나님과 모세를 향하여 원망하되 어찌하여 우리를 애
굽에서 인도해내어 이 광야에서 죽게 하는가 이곳에는 먹을 것
도 없고 물도 없도다 우리 마음이 이 하찮은 음식을 싫어하노
라 하매 민 21:5

헐…, 이번 원망은 원망계의 끝판왕 같다.

지난 40년간 했던 원망들을 모두 합쳐놓은 말이었다. 반
복해서 가르쳐줘도 전혀 배운 바가 없었다. 광야에서 그렇게
오래 지내며 구원하시는 하나님의 능력을 맛보았으면서도
조금도 변하지 않았다. 여전히 불신과 공격으로 하나님 앞
에 힘이 잔뜩 들어가있었다. 그들은 목이 뻣뻣했다.

그동안은 원망해도 대부분 살리셨다. 그러나 하나님께서
이번에는 죽이셨다.

여호와께서 불뱀들을 백성 중에 보내어 백성을 물게 하시므로
이스라엘 백성 중에 죽은 자가 많은지라 민 21:6

죽음을 경험하자 백성들이 잠시 힘을 뺐다. 회개하며 이렇게 호소했다.

우리가 여호와와 당신을 향하여 원망함으로 범죄하였사오니 여호와께 기도하여 이 뱀들을 우리에게서 떠나게 하소서 민 21:7

이에 모세는 살리는 기도를 시작했다. 하나님은 동일하셨다. 이번에도 응답하셨고, 살리셨다(민 21:9). 모세의 기도가 먼저였고, 그다음에 살려주셨다.

이쯤 되면 해파리 같은 강장동물이 떠오른다. 아무래도 출애굽 백성들은 뇌가 없거나 욕구 중심의 신경계만 있는 존재 같다. 반복해도 학습이 안 된다. 그저 욕구 따라 즉흥적인 원망으로 일관한다. 대체 왜 이러는 것인지 모르겠다. 그 정도 기적을 경험했고 죽다 살기를 반복했으면 믿음이 학습돼야 하는 것 아닌가?

내 처지가 슬그머니 떠오른다. 이런 생각이 든다. 만약 내가 거기서 구름기둥 불기둥을 보고, 홍해를 지나며, 반석에서 샘이, 하늘에서 음식이 내리는 모습을 보았다면? 그랬다면 어땠을까?

나라면 달랐을까? 불평할 때마다 기적을 경험하기를 수십

년 했다면 달랐을까?

배울 줄 모르는 출애굽 백성들을 손가락질해도 좋다. 이번에는 우리 차례다. 그들을 가리키던 손가락으로 자기 자신을 따져보자. 그리고 질문해보자.

"나는 그들과 다른가?"

말씀 때문에 빠진 딜레마

원망 직전 하나님의 말씀이 먼저 있었다. 하나님은 분명히 홍해 앞으로 가서 진 치라 하셨다(출 14:2,3). 모세와 백성들은 그 말씀을 따른 결과 진퇴양난에 빠졌다. 그러고 보니 성경의 몇 장면이 더 떠오른다.

그들을 내보낸 왕도 하나님의 말씀 때문에 딜레마에 빠졌다. 그는 모세와 아론을 통해 하나님의 말씀을 들었다. 만약 말씀대로 한다면 자신의 왕권은 무너질 터였다. 그러나 말씀대로 하지 않으면 열 가지 재앙에서 본 것처럼 이집트가 망할 것이었다. 이러나저러나 죽을 일이었다. 하나님의 말씀은 신자뿐만 아니라 불신자에게도 진퇴양난의 길을 제시했다.

성경 도처에 같은 사건들이다. 신약에서도 다르지 않았다. 예수님을 만났던 사람들도 한결같았다. 이웃을 내 몸과 같이 사랑하라고?(눅 10:27). 이 말씀 앞에 난처했을 로마인과 유대인들이 보이는 듯하다. 당시 상황을 보면, 같은 유대인들끼리도 바리새파, 사두개파, 에센파, 그리고 열심당원들로 나뉘어 서로 사랑할 수 없었다. 그들은 "누가 나의 이웃입니까?" 쯤으로 핑계 대며 순종을 대충 미뤄버리고만 싶었다 (눅 10:29).

물로 포도주를 만들 때는 또 어땠는가? 정결 예식에 쓰려고 둔 돌항아리 여섯 개를 기억하는가?(요 2:6) 예수님이 하인들에게 말씀하셨다. 물을 가득 채워서 가져다가 혼인 연회장에 나눠주라셨다(요 2:7,8).

우리는 그 결과를 성경을 이미 읽어서 안다. 하지만, 당시의 하인들은 어땠겠는가? 만약 그 자리에 내가 있었다면? 나는 정결법 따지는 유대인들 눈치 안 보고 예수님의 말씀대로 순종할 수 있었을까?

거라사 광인의 귀신을 쫓아내실 때 돼지 떼 주인은 어땠을까?(막 5:1-20) 당신이 그랬다면 예수님을 영접할 수 있었을까? 예수님은 메시아가 확실했다. 일어났던 일을 보라. 그 앞에서는 귀신도 쫓겨나지 않은가?

하지만 한 사람에게서 떠난 귀신이 돼지 떼 2천 마리를 몰사시켰다(막 5:13). 그 주인은 졸지에 망했는데, 그래도 예수님을 받아들일 수 있었을까? 또 동네 사람들은 어땠을까? 그분을 자신들의 동네에 머물게 하려면 또 누구 재산이 떼죽음을 맞게 될지가 더 염려되지는 않았을까?

예를 들자면 끝도 없다. 자기 아버지 장례식도 무시하고 자신을 따르라고 하셨을 때도(마 8:22), 돈 통 죄다 때려 부수며 "내 아버지의 집으로 장사하는 집을 만들지 말라"고 외치셨을 때도(요 2:16), 모두가 두려워하며 조심하는 종교 지도자들에게 "회칠한 무덤, 강도의 소굴, 독사의 새끼"(마 23:27 ; 막 11:17 ; 마 23:33)라고 막말하셨을 때는 또 어땠을까?

정말 그 자리에 내가 있었어도 예수님을 영접하고 믿고 따라갔을까?

우리가 따르는 예수님은 성경에 기록된 바로 그 예수님이시다. 예수님의 말씀 앞에 서면 딜레마투성이다. 한쪽은 사는 길이고 다른 쪽은 죽는 길이 분명한 흑백 선택이 없다. 말씀 따라가면 진퇴양난이 대부분이다. 이래도 죽고 저래도 죽는다.

우리는 성경의 예수님을 따른다. 순종한다. 회개하고 예수님 믿고 성령을 받았으면, 이제 다른 대안이 없다. 예수님 따라가기 외엔 없다. 말씀과 기도로 매 순간 영적 영점조정을 새롭게 하는 길 외에 다른 대안이 없다.

말씀 따라나섰더니 앞엔 홍해, 뒤엔 애굽 정예군이다. 딜레마다. 거기서 나도 깨끗이 애굽을 포기해야 맞다. 죽든 살든 말씀대로 해버려야지 내 힘이 들어가 다른 말 하면 안 된다. '내 생각에 살 길'을 잊어야 산다. 오직 예수께만 고도로 집중하는 길이 부지런한 길이다. 시간을 낭비치 말고 세월을 아껴가며 최선으로 믿음의 경주에 전력해야 한다. 놓고 떠나온 애굽을 향해 되돌아갈 길은 없다. 가로막힌 홍해를 향해 앞으로 나가는 순종의 길뿐이다. 내 생각에 죽을 길이더라도 말씀에 명령했다면 맞는 길이다.

출애굽한 이스라엘에게는 하나님 외의 대안이 없었다. 하나님을 따라가는 것 외엔 다른 삶의 길이 없었다. '대안' 따위는 하나님이 누구신지 모르고, 애굽에서 마지 못해 간신히 살아있을 때나 있던 것이었다.

우리도 예수님을 따르기 때문에 자주 진퇴양난에 빠진다.
그때마다 나는 다른가?
출애굽 백성과 다른 선택을 하며 사는가?

불평만 안 해도 하나님이 역사하신다

불평하는 이스라엘 백성들에게 모세는 뭐라고 해야 했을까?

성경을 읽어보면 모세는 할 말이 없었다. 그저 하나님 앞에 가서 죽기 살기로 기도하는 것뿐이었다. 그다음 하나님의 말씀을 대신 전했다.

예수님을 믿는다는 것은 예수님의 일을 한다는 것과 같다 (요 14:12 ; 17:18). 예수님의 일생은 하나님 중심으로 기도를 통과하며 제자화에 집중하셨다. 그분이 남기신 제자들이 교회를 이루었고 역사를 거쳐 오늘 나도 같은 일을 한다. 잃어버린 영혼들을 찾아 가르치고, 전하고, 고친다(마 9:35). 이것은 죽을 영혼 데려다 살리는 업무다.

그 과정에서 많은 불평을 듣게 된다. 가르쳐도 변하지 않고, 전해도 안 듣고, 고치려 들어도 상처받은 짐승들처럼 나대는 사람들 태반이다. 나도 잘 안다. 교회 개척 과정의 개인 경험만 적어도 날과 달 수만큼 책을 쓸 수 있을 것 같다.

그러나 가장 큰 문제는 '나'다. 누구의 불만이나 불평도 별로 중요치 않다. 그들 앞에 내가 원망을 시작하는 것이 가장 큰일이다.

성경을 전한 결과는 별로 아름답지 않다. 진실은 회개를 요구하기 때문이다.

진리는 거짓을 공격한다. 그때 회개치 않으려는 사람들은 상처 받는다. 성경 말씀은 기도자의 사견이 아니다. 그러나 상처받은 죄인에게 이는 상관없다. 하나님의 말씀을 말씀으로 받지 않고 기도자의 개똥철학이라 폄하한다. 그리고 공격

당한 거짓은 사역자에게 역공을 퍼붓는다. 그때가 위험하다. 그때 기도자도 상처 받고 불만이 쌓이게 되면, 원망을 시작할 유혹을 받게 된다.

유혹에 넘어간 기도자는 비겁해진다. 원망들을 온전히 자신의 말로 내뱉지 않는다. 상처받은 마음 안에서 맴돌던 인간적 원망을 말씀을 빙자해 발사한다. 그러면 영혼을 잃는다. 살리기는커녕, 죽인다.

내가 존경하는 기도자, E. M. 바운즈 목사는 이렇게 말했다.

"기도 없는 설교는 청중을 죽인다."

원망은 살리는 기도자가 할 일이 아니다. 나를 공격하는 이는 원망의 대상이 아니다. 다만, 기도 대상이다.

모세는 원망을 원망으로 대처하지 않았다. 수백만 명의 원망에 둘러싸인 한 기도자의 입에서 이런 선포가 나왔다.

모세가 백성에게 이르되 너희는 두려워하지 말고 가만히 서서 여호와께서 오늘 너희를 위하여 행하시는 구원을 보라 너희가 오늘 본 애굽 사람을 영원히 다시 보지 아니하리라 여호와께서 너희를 위하여 싸우시리니 너희는 가만히 있을지니라

출 14:13,14

가만히 있으면 중간이라도 간다. 나대지만 않아도 주께서 역사하신다. 원망거리가 생기면 그저 침묵하기만 해도 살고 살린다.

성경이 고발하는 내 모습이 있다. 죄 그 자체다(롬 3:9-18). 내 안에 진짜 정의가 있나? 진실이 있나? 거룩이 있나? 순결한가? 깨끗한가? 부지런한가? 정직한가? 순종하는가? 기도하는가? 지혜로운가?

어떤 질문에도 제대로 할 말이 없다. 매사에 죄로 가득하다. 비교 대상이 하나님이시니 할 말이 없다. 입만 열면 죄가 쏟아져나오고 움직이기만 해도 죄가 발동된다(요일 1:7-10). 나는 그저 "하나님 마음대로, 하나님 뜻대로 하소서…" 하면서 납작 엎드려있는 것이 최선이다.

원망하는 백성들 앞에 하나님의 명령은 "가만히 있어"였다. 이 말은 아무것도 하지 말란 뜻이 아니다. 하나님을 의지하라는 말이다. 나대지 말고 하나님께 일하실 기회를 드리라는 의미다.

살리는 기도자는 원망을 경계해야 한다. 원망하는 이들을 위해 기도하면서도, 자신은 원망에 오염되지 않도록 늘 경계해야 한다. 그러다 진짜 못 참겠거든, 그저 침묵하는 것이 최선이다. 가만히 있어야 하나님이 살리신다.

멈춰야 하나님이 보인다

가만히 있으라는 명령을 들어야 산다(출 14:13). 가만히 있지 않는다면, 출애굽 백성들이 했을 법한 일은 불평의 내용대로 애굽으로 되돌아가는 것이었다. 애굽으로 돌아가게 되면, 잔뜩 독기가 오른 애굽의 정예부대에게 비참히 죽었을 것이다.

이 기록을 통해 내 상황을 짐작해볼 수 있다. 하나님이 가만히 있으라고 명령하시는 상황은 내게도 동일할 것이다. 살리는 기도를 주께 드리는 과정에서 받은 나의 대안이 기도하기 이전의 어떤 것으로 되돌아가는 것이다. 성경은 이렇게 충고한다.

그리스도께서 우리를 자유롭게 하려고 자유를 주셨으니 그러므로 굳건하게 서서 다시는 종의 멍에를 메지 말라 갈 5:1

출애굽 백성들은 원망 때마다 '애굽'을 반복 회상했다. 우리에게는 회개로 털어버린 죄가 그들의 애굽과 같다. 구원하신 그리스도의 이름으로 용서받은 일들이 있다. 그럼에도 회개 이전으로 돌아가는 것은 전혀 살 길이 아니다.

출애굽 백성들의 눈에 애굽이 가득해서 하나님이 안 보였다. 가나안 입성 직전의 마지막 순간까지 그랬다. 우리도 크게 다르지 않다. 하나님이 하나님으로 보이지 않는 이유가 가득하다. 우리도 나름의 애굽으로 가득하다.

멈춰야 하나님이 싸우실 수 있다

여호와께서 너희를 위하여 싸우시리니 너희는 가만히 있을지니라 출 14:14

하나님이 가만히 있으라고 명령하신다. 왜 이 중요한 순간에 죄짓기를 하냐고 물으신다. 멈추라 하신다.

우리의 신앙 전통을 보라. 예수님처럼 믿음의 선배들은 자주 금식으로 기도하셨다. 먹고 힘내서 일하는 대신 모든 것을 멈추기로 결단했던 모범을 한국교회 곳곳에서 보였다.

모든 것을 중단하고 하나님을 의지하는 우리의 신앙 전통을 떠올려보라. 교회 건물 세우는 중 사기꾼에게 건축 헌금을 모두 잃고 장로님들과 목사님들이 함께 금식하셨던 일. 인터넷 없던 시절, 해외 파송한 선교사님 소식이 갑자기 끊겨서 생사도 소식도 모르고 전 교인이 금식으로 일단 살려달라 기도했던 일. 새신자로 들어온 새댁이 3년 만에 임신을 했는데 사고로 유산을 해서 해당 구역이 함께 금식하며 울부짖었던 일. 누군가 중병에 걸렸을 때도, 누군가 남모를 한숨을 쉴

때도, 새로운 사역자를 청빙할 때도, 각종 행사와 수련회 직전에도 교회는 함께 금식했다.

금식만큼이나 하나님 앞에서 멈추는 사역이 또 있을까? 죄가 모든 문제의 근원이다. 어떤 상황이든 진퇴양난의 딜레마로 빠져들면, 일단은 멈춰야 한다. 멈춰야 하나님이 보이고, 그때 하나님이 직접 싸우신다.

하수의 전쟁은 직접 싸워 이기는 싸움이다. 그러나 고수의 승리는 싸우지 않고 이기는 것이다. 《손자병법》에도 나온다.

> 백 번 싸워 백 번 이기는 것은 최선이 아니다. 싸우지 않고 적을 굴복시키는 것이 최선이다(百戰百勝 非善之善者也, 不戰而屈人之兵 善之善者也).
>
> _손무, 《손자병법》

진정한 고수는 가만히 있어 하나님이 싸우시게 한다(레 19:18). 멈춰서 죄로 물든 나의 대안을 내려놓으면 하나님께서 대신 싸워주시는 것을 보게 된다. 하나님이 대신 싸워주시면 반드시 이긴다.

하나님이 대신 싸워주실 때는 져도 이기고 이겨도 이긴다. 모든 것이 합력하여 선을 이룬다.

지지부진한 인생의 잡다한 전투들을 초월해서 전체를 보

라. 전장을 크게 보라. 하나님의 싸움을 보며, 하나님의 싸움에 기대기만 하라.

앞으로 나아가게 하라

이스라엘의 불평 앞에 기도자가 먼저 하나님의 말씀을 듣고, "가만히 있어라"라는 명령을 전달했다. 그리고 한 걸음을 먼저 떼었다.

> 여호와께서 모세에게 이르시되 너는 어찌하여 내게 부르짖느냐 이스라엘 자손에게 명령하여 앞으로 나아가게 하고 지팡이를 들고 손을 바다 위로 내밀어 그것이 갈라지게 하라 이스라엘 자손이 바다 가운데서 마른 땅으로 행하리라 출 14:15,16

아직 물이 갈라지지 않았다. 넘실대는 검은 물결이 눈앞에 있고, 뒤에는 애굽의 군사력 전체가 구름기둥의 커튼 바로 뒤에서 아우성치고 있다(출 14:19,20). 그 상태에서 전진 명령이다. 거의 20킬로미터에 달하는 바닷길을 향해서다.

살리는 기도자는 들은 말씀대로 '먼저' 행했다. 그러자 바다가 갈라지기 시작했다.

> 모세가 바다 위로 손을 내밀매 여호와께서 큰 동풍이 밤새도

록 바닷물을 물러가게 하시니 물이 갈라져 바다가 마른 땅이
된지라 출 14:21

홍해 앞에서 살리는 기도자에게 할 일이 있었다. '앞으로
나아가게 하는 것'이었다. 원망으로 가득 찬 사람들을 믿음
의 길로 움직이게 하는 일은 기도자의 역할이다. 내 할 일이
다.

신약 성경에서는 출애굽 백성들의 이 '걸음'을 교회의 탄생
으로 묘사한다.

형제들아 나는 너희가 알지 못하기를 원하지 아니하노니 우리
조상들이 다 구름 아래에 있고 바다 가운데로 지나며 모세에
게 속하여 다 구름과 바다에서 세례를 받고 고전 10:1,2

한 걸음을 먼저 내딛는 자가 살리는 기도자다. 그 뒤를
살려야 할 사람들이 따른다. 그때 믿음의 세례를 함께 받게
된다.

어떤 이의 어떤 원망을 들어도 그 앞에 마음을 지켜야 한
다. 단지 힘 빼고 서야 한다. 말씀 이상의 생각을 할 필요가
없다. 기도 자리에서 주어진 하나님의 말씀대로 먼저 움직여
야 한다. 성경대로 내가 먼저, 작더라도 할 수 있는 일을 한

번에 한 걸음씩 순종해야 한다. 그래야 원망하는 사람들과 함께 교회를 이룬다.

하나님이 누구신지 배워나가는 출발점에 살리는 기도자의 한 걸음이 있다.

매일 죽음 걱정하기
VS 예수님만 바라보기

그러므로 땅에 있는 지체를 죽이라 곧 음란과 부정과 사욕과
악한 정욕과 탐심이니 탐심은 우상숭배니라
골 3:5

염려의 시대 _____

이 책을 쓰는 내내 매스컴이 떠들썩하다. 코로나바이러스
에 감염된 사람이 어디서 몇 명이 나왔는지 매일 보도 중이
다. 누군가는 살았지만 또 누군가는 죽음을 피하지 못했다.

세계적으로 시시각각 변해가는 상황을 통과하며 건강한
사람들도 매일 두려움 가운데 있다. 언제 어떤 경로로 자신
도 감염될지 염려다.

동시에 경제 상황도 급변했다. 자영업자 대부분이 가게 문
을 닫을 지경에 이르렀다. 정부는 극적 지원금 정책도 내놨지
만 망해가는 사람들에게 궁극적 대안은 아니었다.

언제 어떻게 될지 모를 일이라 불안하기는 매한가지다. 부
동산은 얼어붙고 석유 가격은 내렸다. 주가는 예측이 안 되

고 인터넷 기반 비대면 콘텐츠들은 호황을 맞이했다. 잘되든 안 되든 불안했다. 경험한 적 없는 변화를 맞이해서 그랬다.

변화에 직면했는데 대처할 근거 데이터가 없으니 불안하다. 코로나 사태는 이전에 없던 변화상을 주었다. 전 지구적 현상이다. 어떻게 행동해야 하는지에 대해 따져볼 만한 과거 사례가 딱히 없다.

그전에도 질병의 위기는 있었으나 그때는 지금과 같은 전 지구적으로 연결된 네트워크 환경은 없었다. 한 나라의 경제가 다른 나라들과 긴밀히 영향을 주고받으며 21세기를 맞이해서 모두가 모두와 서로 연결되는 것 자체도 따라잡기 힘들었다. 그런데 이제 조금 데이터를 축적하게 된 이 시대에 대한 지식마저 코로나 앞에서 무용했다.

무엇을 근거로 어떻게 행동해야 하는지 잘 모르겠다. 그래서 염려다. 이전에 없던 전체적 변화. 죽음의 그림자가 엿보이는 상황이다.

꼭 코로나 때문만도 아니다. 죽음의 그림자는 도처에 있다. 가난, 질병, 기근, 전쟁, 실직, 이혼, 사별… 끝도 없다. 직간접으로 죽음을 연상케 하는 문제투성이 세상이다. 직면해도 큰일이지만, 가까이 다가오는 것 같은 징후만 보여도 '염려'가 찾아온다.

죽음을 뛰어넘은 사람이 아니고서야 죽음을 엿보게 하는 온갖 문제 앞에 염려가 앞서는 것은 당연하다. 죽음의 문제를 해결하지 않는 한 염려는 숙명처럼 인생마다 따라붙는다.

이 세상 어디에도 그저 평안한 상황은 없다. 사고 싶은 물건이 많아지면 가난이 걱정이다. 같은 지역의 누군가 아프다는 소식을 들을 때면 자신의 건강이 불안하다. 자연이 오염되어가는 세상을 보면 지금 먹고 마시는 것들도 염려된다.

그중에서도 가장 일반적인 염려거리는 단연 '돈 문제'다. 돈이 없어서도 그렇지만, 반대로 있어도 염려다. 아이들 학비를 더 쓰지 못해서도, 자신의 노후 대비를 충분히 하지 못한 것 같아서도 걱정이다. 갑자기 사업이 잘되거나 일확천금이 들어와도 어떻게 유지하며 관리할지 염려다. 늘든 줄든, 염려할 일 가득이다.

돈을 사랑함

우리에게는 데이터가 있다. 새로운 변화 앞에 어떻게 행동해야 하는지에 대한 가장 정확하고 변치 않는 근거가 있다. 하나님의 말씀, 성경이 있다. 그래서 염려가 없다.

그러고 보니 앞서 보았던 출애굽 백성들의 모습이 의미심장하게 다가온다. 그들은 구원하시는 하나님 대신 염려를 더 섬겼다. 이것은 우상숭배와 같았다. 꼭 황금 송아지를 만들어야만 우상이 아니다. 하나님보다 더 섬기는 것은 무엇이든 우상이다.

하나님과 멀어지면 죽는다. 하나님과 적극적으로 멀어지는 행위의 꼭대기에 바로 우상숭배가 있다. 그 모양도 가지가지다.

그중 하나는 "돈을 사랑함"이다. 다른 말로는 '탐심'이다 (골 3:5).

> 돈을 사랑함이 일만 악의 뿌리가 되나니 이것을 탐내는 자들은 미혹을 받아 믿음에서 떠나 많은 근심으로써 자기를 찔렀도다 딤전 6:10

이에 의하면 돈 그 자체는 악이 아니다. 다만 그것을 대하는 사람의 태도가 악할 때 돈이 악해진다. 그 태도는 바로 "돈을 사랑함"이다.

신학자 신원하 교수는 죽음에 이르는 일곱 가지 죄 중 하나로 탐욕을 꼽으며, 돈을 사랑함으로 염려에 빠진 사람들에 대해 죽 늘어놓았다.

민수기에 나오는 선지자 발람은 이스라엘 백성을 저주하는 대가로 얻을 재물에 눈이 어두워져 모압을 향해 가다가 나귀에게 책망을 받았지만(민 22:21-33), 끝내 모압 왕 발락에게 이스라엘을 범죄의 길로 이끄는 책략을 제공했다(계 2:14). 아간은 하나님의 명령을 거부하고 여리고 성에서 취한 노획물을 빼돌려 자기 집에 숨기는 죄를 지음으로써 아이 성 전투에서 이스라엘을 패전으로 이끌었다(수 7:21). 아합 왕은 나봇이 소유한 포도원을 탐하여 거짓 증거로 그를 죽게 하고 결국 그것을 탈취했다(왕상 21:1-16). … 선지자 엘리사를 들먹여 나아만 장군에게 재물을 받았다가 나병에 걸린 사환 게하시의 이야기(왕하 5:20-27)도 빼놓을 수 없다.

_신원하, 《죽음에 이르는 7가지 죄》

"돈을 사랑함"은 돈을 하나님보다 더 섬기는 태도를 말한다. 이것은 우상숭배다.

돈에 대한 염려 – 맘몬 숭배

돈 자체는 신이 아니다. 그저 도구다. 단지 하나님보다 돈을 더 사랑하며 섬기게 되면 그 태도가 돈을 신으로 변신시킨다(딤전 6:10). 이 신의 이름이 '맘몬'이다(눅 16:13). 그리고 '맘몬 숭배자'란 돈을 하나님보다 더 사랑하는 사람을 말한다.

돈을 하나님보다 더 섬김으로써 죽어가는 자들은 어딜 가나 흔하다. 살리는 기도자들은 이 영역 전체에 주목하지 않을 수 없다. 살려야 할 사람 중에서도 더더욱 살려야 할 사람들이다.

맘몬 숭배자에 대해 생각해보자면

1) 맘몬을 섬긴다는 것은 결국 우상숭배다.

2) 우상숭배는 성경이 금지하는 죄다(출 20:3).

3) 죄의 종착지는 죽음이다(롬 6:21).

4) 죄를 섬기면 죄의 종이 된다(롬 6:16).

5) 맘몬을 섬기면 맘몬의 종으로 살다 간다(요 8:34).

6) 그 끝에 죽음과 심판을 맞이하게 될 것이다(히 9:27).

이들의 특징은 '염려'다. 돈의 많고 적음이 평안과 염려를 가르지 않는다. 돈을 사랑함이 염려를 만든다.

맘몬뿐 아니라 어떤 우상에게든 마음을 바치면 염려와 불안이 먼저 찾아온다. 마땅히 경배받고 찬양받기 합당하신 분은 하나님뿐이시다. 그분을 예배할 때는 평안하다. 담대함과 기쁨이 넘친다. 모든 것이 제자리에 있다. 반면, 우상을 예배하면 불안하다. 두려움과 염려가 넘친다. 모든 것이 제각기 다른 방향을 향한다. 분주하다.

돈을 선하게 대할 능력이 없으니 아예 가난하기로 선택하는 사람들도 있다. 이 역시 비성경적이다. 탐식 절제가 안 되니 아예 굶어 죽겠다는 태도와 같다. 다시 말하지만 돈 그 자체가 문제가 아니다. 더 쉽게 말하자면, 돈이 적다고 맘몬 숭배를 안 하는 것이 아니다. 적은 돈일지언정 마음에 돈 때문에 일어나는 '염려'만 있어도 맘몬 숭배로 치달을 수 있다.

내가 만난 사역자들과 크리스천은 대부분 가난했다. 그렇다고 그들이 다 거룩한 것도 아니었다. 가난은 거룩의 필요충분조건이 아니다. 목회 현장에서 내가 만났던 가난한 이들은 하나같이 돈 문제로 '염려 중'이었다.

평안이 예배의 효과라면, 염려는 우상숭배의 효과다. 가난하고 말고가 맘몬 숭배 진위를 보여주지는 못한다. 돈에 대한 염려의 태도가 맘몬 숭배인지 아닌지를 엿보게 한다.

염려와 우상숭배는 한통속이다. 마태복음 6장에서 예수님은 보물을 하늘에 쌓아두라는 이야기로 시작하셔서 마음의 문제로 연결하셨다(마 6:19-21). 우리가 '보물'을 어떻게 대하느냐에 따라 그 쌓는 장소가 달라진다. 마음의 문제다. 마음 방향에 따라 재산 모아두는 창고가 하늘 혹은 땅이 된다. 마음이 하나님을 향하면 재물을 하늘에 쌓는 것이 된다. 반면 땅을 향하면 땅에 쌓는 꼴이 된다.

만약 마음이 하나님을 향하지 않는 상태라면 그는 재물로 우상숭배자가 된다. 그런 이들에게 주님은 "하나님과 재물을 겸하여 섬기지 못한다"고 말씀하셨다(마 6:24). 이 구절에서 예수님은 앞서 말씀하신 '보물'을 '재물'로 바꿔 표현하셨는데 성경 원어를 보면 '맘몬'($\mu\alpha\mu\omega\nu\tilde{\alpha}\varsigma$)이다.

이는 우상숭배에 대한 직접적인 언급이다.

주님은 추가로 맘몬 숭배자의 마음에 대해 더 말씀하신다. 맘몬을 섬기려는 그 마음의 모습은 '염려'다.

> 그러므로 내가 너희에게 이르노니 목숨을 위하여 무엇을 먹을까 무엇을 마실까 몸을 위하여 무엇을 입을까 염려하지 말라 목숨이 음식보다 중하지 아니하며 몸이 의복보다 중하지 아니하냐 마 6:25

맘몬 숭배와 염려가 이렇게 연결되어있다. 땅에 보물을 쌓는 '마음'은 '염려'고, 그것은 맘몬 숭배에서 나왔다.

예수님의 표현을 그대로 인용하자면, 염려의 출처는 '두 주인'을 섬기려는 태도다(마 6:24). 한 아내가 두 남편을 가질 수 없듯, 우리 영혼은 우상과 하나님을 동시에 섬길 수 없다.

이렇게 자문해보라.

나는 무엇 때문에 돈이 필요한가? 혹은 재물을 원하는 이유가 무엇인가? 그것은 염려 때문인가? 아니면 예수님 때문인가?

만약 이에 "염려 때문"이라고 답한다면,
그는 우상숭배 중이다.

염려 대신 예수님

우상숭배와 신앙은 종이 한 장 차이다. 돈을 쳐다보는 마음의 관점이 어디에 있느냐에 따라 갈린다. 믿음은 한마디로 관점이다. 무엇을 보느냐가 신앙 전체를 결정한다(마 6:22).

성경 인물들은 죄다 남다른 관점을 가지고 살았다(히 11장). 노아는 믿음으로 보이지 않는 일에 대한 경고를 받아들여 방주를 지었다. 아브라함은 갈 바를 알지 못해도 믿음으로 나아갔으며, 이삭도 바쳤다.

이삭도, 야곱도, 요셉도 믿음으로 행했고, 모세도 라합도, 사사들도, 다윗 왕도, 선지자들도 모두 그랬다. 믿음의 관점을 가지고 살았다.

그렇다면 오늘날 나는 무엇을 보고 있는가? 죽을 일로 염려하는가? 아니면 죽을 일로 하나님을 바라보는가?

어떻게 답하느냐에 따라 믿음의 모습이 결정되며 하나님을 기쁘게 하는 존재가 되고 말고가 정해진다(히 11:6).

당신을 에워싼 모든 문제 상황의 최악은 죽는 것이다. 그러나 말씀을 보면 그들을 두려워 말고 하나님을 두려워하라신다(마 10:28). 하나님을 죽음보다 더 두려워하는 이는 눈이 죽음을 향하지 않는다. 그 시선은 하나님께 간다. 마음이 하나님께 가있다. 그러면 평안이 온다.

평안한 자들은 염려에 대해 이렇게 방어한다.

"나는 공중의 새와 들의 백합화보다 하나님께 더 귀한데?"(마 6:26-29)

염려를 통해서는 아무것도 해결되지 않는다. 진정한 해결책은 하나님께만 있다. 하나님만이 살리실 수 있다. 믿음이란 살리시는 하나님께 먼저 꽂히는 시선이다. 죽음보다 먼저 하나님께 눈이 가는 것이다.

만약 죽을 상황에서 우리도 염려한다면, 세상과 무슨 차이가 있겠는가?(마 6:32) 우리는 크리스천이다. 우리는 생명을 가진 사람들, 뭐가 달라도 달라야 하는 사람들, 보는 눈이 다른 사람들, 시선이 다른 사람들이다.

믿음이 없는 사람은 있는 사람과 차이가 난다. 그 차이는 염려다.

이제 염려 이야기는 기도로 이어지며 끝난다.

그런즉 너희는 먼저 그의 나라와 그의 의를 구하라 그리하면 이 모든 것을 너희에게 더하시리라 그러므로 내일 일을 위하여 염려하지 말라 내일 일은 내일이 염려할 것이요 한 날의 괴로움은 그날로 족하니라 마 6:33,34

돈 염려와 맘몬 숭배를 연결하셨던 예수님이 이번에는, 돈 염려를 기도에 연결하셨다. 다시 말해, 돈 염려로 우상숭배 중이라면, 같은 염려에서 출발해서 기도하면 된다.

죽을 일로 기도하면 산다. 돈 염려가 돈 쌓기로 이어지도록 두지 말고 그 대신 기도를 시작하면 된다.

내 염려든 네 염려든 똑같다. 살리는 기도의 출발점으로 삼으면 그만이다.

만약 학비로 염려 중인 학생이라면 이런 식으로 기도할 것이다.

"주여, 다음 학기 학비가 없습니다. 그래서 너무너무 염려가 됩니다. 하루씩 납입일이 다가옵니다. 그러나 말씀대로 순종하길 원합니다. 이 염려가 혹시라도 원망으로 발전하지 않기를 원합니다. 그 대신 주님 명령 따르길 원합니다. '먼저 그의 나라와 그의 의를 구하라' 하셨으니 그대로 기도합니다. 제 염려 대신 주님의 나라가 임하길 원합니다. 학비조차 못 내서 염려하고 있는 이 지혜 없고 능력 없고 믿음 없는 자의 마음을 불쌍히 여겨주소서. 이런 무능력한 저를 통해서 능력 많으신 주께서 일해주소서. 제 인생을 관통하여 주님의 나라를 이뤄주소서. 저를 맘껏 써주소서. 이 학비를 내서 공부하게 되든 못 내서 못하게 되든, 제 인생 전부를 주께서 주님의 나라와 의를 이루시는 일에 써주소서. 저를 빚어주소서. 그 나라와 의를 이루기에 합당한 자 되게 하소서. 저의 염려가 맘몬을 향하지 않게 하소서. 오히려 주의 나라와 주의 의를 이루는 마음으로 가득 채워주소서…."

만약 생활비 때문에 고민하는 가장이라면 이렇게 기도할 것이다.

"주님! 제가 무능력합니다. 저는 경제력이 없습니다. 무능한 남편이자 아빠입니다. 저를 도우소서. 염려가 많이 됩니다. 자녀들에게 좋은 교육과 의식주를 제공하지 못해 염려가 됩니다. 어디에 돈이 있으며 이 불경기를 어떻게 통과해야 하는지 염려가 됩니다. 아니, 염려가 넘치고 있습니다. 저를 용서하소서. 염려 중인 저를 용서하소서. 이 염려 때문에 맘몬 숭배자가 될까 두렵습니다. 그래서 주님 명령대로 제 기도 제목을 바꿉니다. 주님의 나라와 그 의를 이루소서. 이 무능력한 가장에게 믿음의 관점을 주소서. 주께서 공중의 새와

들의 백합화를 먹이고 입히시듯, 저희 가정도 돌보실 것을 믿게 하소서. 아니 믿습니다. 제가 주님의 말씀이 그대로 이뤄질 것을 믿습니다. 말씀이 제 느낌보다 우선인 것이 당연합니다. 다시 기도합니다. 제가 말씀대로 이뤄질 줄 믿습니다. 또 반복합니다. 말씀대로 될 것입니다!

주님께서 제 아내를 먹이실 것입니다! 주님께서 제 자녀들을 키우실 것입니다! 저희 가정의 진정한 가장이 당신이십니다! 저는 주님 대신 이 가정을 맡은 청지기입니다. 주님이 저희 가정을 이끌어주고 계심을 보는 믿음의 눈을 주소서. 저희 가정에 주님의 나라가 임하기를 원합니다! 저희 가정에 주님의 의가 이뤄지길 기도합니다! 주님의 나라와 의를 저희 가정에 주소서! 제게 있는 알량한 경제력이나 무능력으로 이 가정이 좌우되지 않게 하소서! 오직 주님의 나라, 주님의 통치가 저와 제 식구들의 마음 마음에 가득해지게 하소서…!"

죽음보다 더 무서운 것
염려와 돈을 연결시키는 말씀은 뒤에 또 등장한다.

몸은 죽여도 영혼은 능히 죽이지 못하는 자들을 두려워하지 말고 오직 몸과 영혼을 능히 지옥에 멸하실 수 있는 이를 두려워하라 참새 두 마리가 한 앗사리온에 팔리지 않느냐 그러나

너희 아버지께서 허락하지 아니하시면 그 하나도 땅에 떨어지지 아니하리라 마 10:28,29

이 구절들에 의하면 염려는 두려움에서 온다. 돈에 대한 염려는 돈이 없는 상황이 만들어낼 죽음의 그림자와 같은 일들 때문이다. 그러나 한 단계 더 생각해보면 하나님을 믿지 못하니 죽음과 그 그림자를 두려워하는 것이다.

하나님은 창조주시다. 그분이 생명을 다 만드셨고, 죽을 영혼들도 살리셨다. 그분이 죽음보다 강하시다. 앎과 믿음은 연결된다. 그분을 죽음보다 두려워하는 것이 올바른 지식이자 신앙이다.

하나님에 대한 불신은 흔히 죽음에 대한 두려움을 거쳐 염려로 나타난다. 반면 믿음은 두려움의 대상이 다르다. 죽음이 아니라 죽음보다 크신 하나님을 향한다.

살리는 기도자의 관점

대상이 달라도 죄질이 같다. 출애굽 백성들의 불평이나 우리의 염려나 둘 다 죽을 일이다. 그때나 지금이나 원리도 같다. 두려움이 염려를 만들고 우상숭배로 안내한다.

돈 문제만 봐도 그렇다. 돈 그 자체는 우상이 아니다. 오히려 돈을 사랑함이 돈을 맘몬으로 바꾼다(딤전 6:10). 맘몬 우상숭배의 죄를 짓는 것은 마음의 관점이 결정한다. 죽음에 대한 두려움과 염려가 죄를 만들고 살 길을 막는다.

문제가 같은 만큼이나 해결책도 같다. 우리 중 누군가 모세처럼 먼저 믿음의 시선을 가지고 기도하면 된다.

그는 두려움의 시선 방향이 다른 자다. 그는 염려 대신 기도하는 자다. 언 발에 오줌 누기식의 일시적 본능 충족보다, 영원하신 하나님의 구원을 원하는 자다. 죽음 앞에서 죽음보다 크신 하나님을 쳐다보는 자, 살리는 기도자다.

당신이 소망이다

이제 이 글의 끝을 맺을 때다. 내가 이 글을 쓴 이유는 하나다. 당신이 살리는 기도자가 되기를 간절히 바라서이다.

누구도 내일이 약속된 인생은 없다. 나도, 당신도 예외는 아니다.

성경을 보라. 성경 65권이 다 이뤄졌다. 이제 딱 한 권 남았다. 그것도 틀림없이 이뤄질 것이다. 당신의 죽음보다 더 큰 세계다. 당신 안에 들어와있는 보배다(고후 4:7).

주님 다시 오실 날은 '지금'이 가장 가깝다. 그 앞에 생명의 유예기간은 오늘로 하루 더 줄었다. 당신은 또 하루만큼 더 죽어가고 있다.

풀 위의 이슬처럼 짧은 인생이다. 게다가 사방으로 죽을 일에 에워싸여 산다. 거기서 대부분의 사람은 두려워 염려하며 하나님을 떠나 죽어가며 산다. 가장 생명력을 필요로 하는 영혼들이 죽을 일 때문에 죽음으로 더욱 내달리며 사는 세상에서 당신은 소망이다.

누가 죽음 앞에서조차 두려워하지 않겠는가? 누가 진정한 생명력의 근원인 하나님을 먼저 만났는가? 누가 세굴라이며, 누가 구원받은 자인가?

당신이다. 당신뿐이다. 주께서 세상에 모세를 보내셨듯 그리스도를 보내셨고, 그리스도께서는 당신을 보내셨다(요 17:18). 당신 차례다. 살리는 기도자는 남 이야기가 아니다. 당신의 소명이다.

살리는 기도자가 되어 죽음에 무력한 세상에 생명을 뿌려야 한다.

나와 함께 기도하자.

"하나님, 염려가 되었습니다. 그러다 말씀 보고 놀랐습니다. 염려하지 말라서요. 염려의 출처는 생명을 위협하는 삶의 모든 문제였습니다. 죽음이었습니다. 출애굽 백성들은 죽을까 염려했습니다. 목말라서도 배고파서도 힘들어서도 늘 불평했습니다. 자그마치 40년이나 가르쳐주고 살려줘도 알아듣지 못했습니다.

아버지, 우리의 모습이 똑같습니다. 우리도 지금 죽음에 에워싸여 염려 중입니다. 하지만 염려하지 않기를 말씀 따라 기도합니다. 먼저 하나님의 나라와 의를 구하는 기도자가 되게 하소서. 예수님처럼 살고 예수님처럼 죽는, 살리는 기도자 되게 하소서.

온갖 종류의 죽음 앞에서 남다른 믿음의 시선을 주소서. 어떤 두려움보다 크신 하나님을 보게 하소서. 우리를 다시 살리신 진정한 생명력의 소유주 예수님처럼 기도하게 하소서. 예수님의 이름으로 기도합니다, 아멘."

그러므로 모든 육체는 풀과 같고
그 모든 영광은 풀의 꽃과 같으니
풀은 마르고 꽃은 떨어지되
오직 주의 말씀은 세세토록 있도다 하였으니
너희에게 전한 복음이 곧 이 말씀이니라

벧전 1:24,25

할아버지, 저랑 기도해요!

15살 때였다. 가을이었다.
선한 사마리아인 설교를 들었다.
주일예배가 끝났는데도 말씀의 여운 때문에
자리에서 일어설 수 없었다.
강도 만나 죽게 된 자를 내버려둔 제사장과 레위인이
바로 나 같았다.
살려야 할 사람들이 온 세상에 널려있는데
나는 무관심했다.
회개가 되어 교회를 뛰쳐나갔다.
예수님 몰라 죽어가는 영혼들에게로 달렸다.

주일 오후 객사 앞은 붐볐다.
전주 시내 가장 사람이 많은 곳에 도착했다.
거기 서서 인파를 한참 쳐다봤다.
예수 없어 죽어가는 낯빛들이 많았다.
어떻게 살려야 하나 감이 잡히지 않았다.

물고기 떼가 눈앞에 있는데
정작 나는 굶주린 소년 같았다.
뱃속에서부터 형용할 수 없는 뜨거운 것이
치밀어 올라왔다.
처음에는 살릴 힘이 없는 내 모습이 처량했다.
그다음에는 살려주실 주님의 개입을 간절히 바랐다.
콧등이 시큰거렸다.
한 사람씩 붙들고 전도할 숫자가 아니었다.
나도 모르게 소리치기 시작했다.
"예수님 믿으세요!"

바로 옆에 지나가던 사람만 흠칫했다.
사람들은 물결처럼 몰려가고 들어왔다.
목소리가 더 높아졌다.
"예수님이 당신의 생명입니다!
당신은 죄인입니다!
한 번 죽는 것은 사람에게 정해져있습니다!
그런데 죽으면 거기서 끝이 아닙니다!
심판이 있습니다!

하나님이 당신의 창조주십니다!
하나님께로 가야 삽니다!"

외칠수록 목청이 더 커졌다.
가슴이 터질 것 같았다.
주일 설교 말씀이 나를 불태우는 것만 같았다.
전도는 교실에서도 가정에서도 이어졌다.
만나는 사람마다 복음을 말했고,
죽어가는 영혼마다 나의 기도 제목이었다.

한 주가 지났다. 다시 주일이 왔다.
청소년부 예배를 드리러 가는 길,
교회는 산꼭대기에 있었다.
길가에서 산으로 이어지는 초입에는 논과 밭이 있었고,
그 사이로 6층짜리 아파트 한 채가 서있었다.
5층 베란다에 할아버지 한 분이 휠체어에 앉아계셨다.
사실 그 분은 매주 그 시간, 그 자리에서 볼 수 있었다.
그동안 무심히 지나쳤던 것이 회개되었다.
말씀 때문이었다.

나는 "그를 보고 피하여 지나갔던"
제사장 같았고 레위인 같았다 (눅 10:31,32).
교회에 예배 드리러 가는 길이라서
그를 그저 못 본 척 지나쳐 가기만 했었다.

말씀대로 회개했던 지난 한 주의 관성이
그대로 내 걸음을 5층 베란다로 밀어 올려주었다.
바깥에서 위치를 확인한 후
해당 호수에 가서 초인종을 눌렀다.
그 분의 딸로 보이는 분이 나왔다.
"어머? 누구…?"
"안녕하세요. 혹시 베란다에 앉아계시는
할아버지 좀 뵙고 갈 수 있을까요?"
"어?"
"저는 주일마다 요 앞으로 지나가는 학생인데요,
매번 할아버지가 저기 앉아계셔서요."
"어….."

그 분의 안내를 받아 나도 베란다로 갔다.

멀리서 봤을 때는 몰랐는데,
가까이서 보니 많이 아파 보이셨다.
나중에 안 사실인데,
그 분은 불치병과 투병 중
병원에서 선고한 죽을 날을 받아놓고
기다리는 분이었다.
거동은 물론 말도 잘 못하셨다.
항상 아침에 베란다 창가에 앉아
경치도 보고 바람도 쐬는 것이 그 분의 낙이었다.

처음 만나는 할아버지였지만
나를 환영하고 반겨주셨다.
그 분의 딸은 과일을 가져왔다.
우리는 둘러앉았고 전부터 알고 지내던 사이 같았다.
다들 내가 왜 왔는지 궁금해하지도 않았다.
나는 다짜고짜 기도하자고 했다.
"할아버지, 저랑 기도해요!"

나는 생각나는 대로 기도했다.

왠지 그동안 모른 척 지나다녔던 것이 죄송해서
눈물이 났다.
"하나님 아버지! 할아버지를 살려주세요!
아직 예수님도 모르고, 몸이 아파서 교회도 못 가요.
살려주세요! 여기 앉아서 꼼짝 못 합니다.
우리가 서로 만나서 감사합니다!
예수님 믿게 해주세요…!
예수님 이름으로 기도합니다, 아멘."

눈을 떠보니 나만 목이 멨던 것이 아니었다.
그 딸도 눈시울이 붉었다.
나는 왜 왔는지 정황 설명을 시작했다.
선한 사마리아인 비유를 들었던
일주일 전 주일예배부터 말씀드렸다.
그리고 그동안 모른 척 나만 예배 드리러 지나가버려
죄송하다고 사과도 했다.
그 자리에서 두 분 다 예수님을 영접하셨다.
그리고 다음 주에 또 오겠다고 약속하고 교회로 갔다.

예배는 끝나고 공과공부 시간이었다.

나는 있었던 일을 선생님에게 말씀드렸다.

선생님은 아이들에게 질문하셨다.

내가 그런 식으로 주일예배에 늦은 것이

잘한 것인지 아닌지 학생들의 생각을 물으셨다.

저마다 자기 생각을 말했고 대화는 토론이 되었다.

공과공부는 길어졌고

우리는 다 함께 그 할아버지를 위해 기도하며 마쳤다.

그다음 주가 되었다.

일이 더 커졌다.

주일예배를 마치고, 우리 반 6명이 모두 함께

그 할아버지 집을 찾아갔다.

지난주에 과일 대접을 받았다고 말씀 드렸더니,

교회 선생님이 지갑을 털었다.

이번에는 우리가 먹을 것을 사갔다.

선생님은 할아버지께서 드실 것을 고르라셨는데,

우리는 아이스크림 8개를 골랐고,

선생님은 과일 주스 한 박스를 사셨다.

5층 할아버지 집 앞,
벨을 누르고 섰는데 모두 떠들썩했다.
문이 열리고 우리는 극진한 환영을 받았다.
할아버지 방에 학생 6명이 둘러앉아
그날 주일예배 순서지를 펴놓고 예배를 또 드렸다.
할아버지가 많이 우셨다.
우리는 한 달에 한 번씩 방문해서 함께 예배했다.
그 분의 딸은 병간호로 교회 출석은 어려웠다.
다만 그날부터 매일 우리 교회 새벽예배에
나오기 시작하셨다.

살리는 기도자는 특별하거나 대단한 것이 아니다.
어린아이라도 살리는 기도자가 되어
살리는 일을 할 수 있다.
능력이 말씀에 있다.
살리는 힘은 사람의 것이 아니다.
주께서 모든 능력으로
말씀을 듣는 자들과 함께하신다.

믿음의 관점으로 세상을 바라보면
도처에 죽을 영혼들이다.
예수님은 이미 우리를 살려놓으셨다.
그리고 살리는 일을 우리에게 맡기셨다.
이제 예수님의 일이 우리에게 왔다.
만약 우리가 살리는 기도를 하지 않는다면
그들에게는 아무 일도 일어나지 않을 것이다.
그저 죽음에 '매여' 살다,
죽음에 '매여' 죽을 것이다(마 16:19).

예수님을 만난 자는 다 소명자다.
그들은 부지런하다.
해야만 하는 일을 해야만 하는 때에 한다.
타이밍을 놓치는 일이 없다.

자신의 죽을 일을 보라. 그리고 주변을 둘러보라.
지금은 기도할 때다.
죽은 영혼들, 죽어가는 이들을 위해
예수님의 이름으로 부르짖을 타이밍이다.

책을 덮기 전에 지금 나와 함께 외치자.
예수님처럼 당신의 겟세마네 동산에 올라 부르짖어라.
"주여! 우리를 살려주소서!"

내가 천국 열쇠를 네게 주리니
네가 땅에서 무엇이든지 매면 하늘에서도 매일 것이요
네가 땅에서 무엇이든지 풀면 하늘에서도 풀리리라 마 16:19

살리는 기도

초판 1쇄 발행	2020년 9월 14일
지은이	송준기
펴낸이	여진구
책임편집	이영주 김윤향
편집	최현수 안수경 최은정 김아진 정아혜
책임디자인	마영애 조아라 | 노지현 조은혜

기획 · 홍보	김영하	해외저작권	기은혜
마케팅	김상순 강성민 허병용	마케팅지원	최영배 정나영
제작	조영석 정도봉	경영지원	김혜경 김경희

303비전성경암송학교 유니게과정 박정숙 최경식
이슬비전도학교 / 303비전성경암송학교 / 303비전꿈나무장학회 여운학

펴낸곳   규장

주소 06770 서울시 서초구 매헌로 16길 20(양재2동) 규장선교센터
전화 02)578-0003   팩스 02)578-7332
이메일 kyujang0691@gmail.com   홈페이지 www.kyujang.com
페이스북 facebook.com/kyujangbook   인스타그램 instagram.com/kyujang_com
카카오스토리 story.kakao.com/kyujangbook
등록일 1978.8.14. 제1-22

ⓒ 저자와의 협약 아래 인지는 생략되었습니다.
이 출판물은 저작권법에 의해 보호를 받는 저작물이므로 무단 전재와 무단 복제를 할 수 없습니다.

책값 뒤표지에 있습니다.
ISBN 979-11-6504-132-8 03230

규 | 장 | 수 | 칙

1. 기도로 기획하고 기도로 제작한다.
2. 오직 그리스도의 성품을 사모하는 독자가 원하고 필요로 하는 책만을 출판한다.
3. 한 활자 한 문장에 온 정성을 쏟는다.
4. 성실과 정확을 생명으로 삼고 일한다.
5. 긍정적이며 적극적인 신앙과 신행일치에의 안내자의 사명을 다한다.
6. 충고와 조언을 항상 감사로 경청한다.
7. 지상목표는 문서선교에 있다.

하나님을 사랑하는 자 곧 그의 뜻대로 부르심을 입은 자들에게는 모든 것이 合力하여 善을 이루느니라(롬 8:28)

Member of the
Evangelical Christian
Publishers Association

규장은 문서를 통해 복음전파와 신앙교육에 주력하는 국제적 출판사들의
협의체인 복음주의출판협회(E.C.P.A:Evangelical Christian Publishers
Association)의 출판정신에 동참하는 회원(Associate Member)입니다.